KB215128

기독교란
무엇인가

○

# 기독교란 무엇인가

2024년 2월 27일 초판 1쇄 발행
2025년 2월 20일 초판 3쇄 발행

| | | | |
|---|---|---|---|
| 지은이 | 박영선 | 기획 | 강선 |
| 편집 | 문선형, 정유진 | 디자인 | 잔 |
| 경영지원 | 함초아 | 펴낸이 | 최태준 |

| | |
|---|---|
| 펴낸곳 | 무근검 |
| 주소 | 서울특별시 송파구 올림픽로 4길 17 A동 301호 |
| 홈페이지 | lampbooks.com |
| 전화 | 02-420-3155　　팩스　02-419-8997 |
| 등록 | 2014. 2. 21. 제2014-000020호 |
| ISBN | 979-11-87506-98-0 (03230) |

무근검은 '하나님의 영광은 무겁고 오래된 칼과 같다'라는 뜻입니다.

# 기독교란 무엇인가

○

박영선

사람의 모양으로 나타나사 자기를 낮추시고

죽기까지 복종하셨으니 곧 십자가에 죽으심이라

**빌 2 : 8**

# 서문

이 책은 일병목회연구소 2023년 특별 강좌에서 강의한 내용입니다. 강의에서 가장 중요하게 다룬 것은, 신앙이란 믿고 안 믿고 또는 잘 믿고 잘 안 믿고 하는 식의 이분법적 이해를 뛰어넘어, 현실이라는 과정과 경험을 통해 성장하고 자라나는 문제라는 것이었습니다.

　자라난다는 것은 나이를 비롯해 각각의 특별한 경험과 실수와 후회가 누적되어 성숙해지는 것을 말합니다. 진실한 신앙이라면 자책과 절망이 없어야 된다는 생각은 기대와 소원일 뿐, 현실에서는 모두가 자책과 막막함 속에 있습니다.

　하나님은 마치 심사 위원처럼 우리와 거리를 두고 우리에게 잘잘못에 따라 보상과 처벌을 하시는 분이 아닙니다.

하나님이 우리를 붙드시고 인도하시고 깨우치셔서 완성과 영광을 이루어 가신다는 것을 이해해야 합니다. 여기서 완성과 영광은 기능을 연마하거나 성공을 이루는 문제가 아니라, 인간이라는 존재가 지닌 명예와 그로 인한 만족을 말하는 것입니다. 이런 결과는 현실 속에서 만들어지는데, 그것이 우리의 기대와 너무 달라서 막막하고 의심스럽기까지 합니다.

현실이란, 죄와 사망을 해결하는 승리를 누리거나 도덕적으로 옳은 것을 선택하는 자리 정도가 아니라, 하나님이 요구하시는 것이 무엇인지 깨달아 우리가 하나님과 사랑과 믿음을 나누는 관계를 맺으며 그런 신분과 실력을 가지게 되는 자리입니다. 하나님은 심판관의 역할을 넘어, 당신의 의지와 목적을 가지고 우리에게 현실의 과정을 허락하신다는 것과 신앙의 완성이란 다만 잘잘못으로 이분화되는 것을 넘어 신자의 명예와 영광이라는 존재에 걸맞은 실력을 가지는 것임을 알아야 합니다.

이 실력은 분별과 선행과 책임으로 쌓아 가는 것이며, 인격과 성품으로 결실합니다. 책임을 제대로 지려면 지혜가 필요하고 지혜는 경험 속에서 겪은 시행착오 끝에 생기는 것입니다. 기독교 신앙이란, 도덕과 치성이라는 명분적 추상 명사가 아니라 실제로 살아 내는 것이며, 실존적 책임으로서 실력을 갖는 것이며, 궁극적으로는 통찰을 갖게 되고 하나님의 영광의 찬송이 되기까지 나아가야 하는 것입니다. 이것이 기독교 신앙의 신비입니다.

박영선

# 차례

서문 ● 007

〈일러두기〉
- 이 책은 박영선 목사가 2023년 11월 강의한 일병목회강좌를
  글로 펴낸 것입니다.
- 이 책에서는 개역개정판 성경을 인용하였습니다.
- 성경을 인용할 때, 절의 전체를 인용한 경우에는 큰따옴표(" ")로,
  절의 일부를 인용한 경우에는 작은따옴표(' ')로 표기하였습니다.
- 본문에《 》로 표기된 것은 도서를,〈 〉로 표기된 것은
  도서 외 작품을 가리킵니다.

신

1

## 신과 우상

한국 기독교 역사는 순교 시대와 부흥 시대를 지나왔습니다. 이 두 시대는 신자들에게 각오를 새기게 하고 감동을 전해 주었지만, 인생을 살아 보면 각오와 감동만으로는 다 채워지지 않는 현실을 마주하게 됩니다. 일상에서 계속 막막함을 경험하다 보니, 내내 붙들고 사는 명분과 지극함으로는 신앙이 채워지지 않는다는 것이 제게는 가장 큰 고민이고 질문이었는데, 이에 대한 설명이 한국 교회에는 많이 부족했습니다. 그래서 이번 책에서는 '기독교란 무엇인가'를 다루고자 합니다. 이 책을 통해 기독교에 대한 전체적 윤곽이 그려지기를 바랍니다.

지금까지 우리가 한국 교회에서 배운 신앙은 대부분 명분에 관한 것이었습니다. 명분이란 굳이 설명할 필요가 없는 당연한 것입니다. 간절히 기도하자거나 열심히 전도하자거나 구원에 대한 확신이 있어야 한다는 말은 당연한 권면으로 들립니다. 그런데 이렇게 분명한 명분을 가지고 있음에도, 현실에서는 이런 생각을 할 겨를도 없는 시간 속에 살고 있습니다.

세상에는 기독교를 포함하여 수많은 종교가 있습니다. 종교가 성립하려면 가장 기본이 되는 조건은 신의 존재입니다. 신 없이 신자 홀로 지극함이나 정성을 드러내 보이는 것은 종교가 아닙니다. 종교가 성립하려면 먼저 신이 있어야 하고, 그 신을 믿는 신자가 있어야 합니다. 우리가 바로 신자입니다.

우리는 불교에 대해 곧잘 오해하곤 하는데, 불교에는 신이 없습니다. 불교는 인간으로서 어떻게 사는 것이 최선인가에 대해 말할 뿐입니다. 그러니 엄밀히 말하면 불교는 종교가 아니라고 할 수 있습니다. 불교 신자들은 인간으로서 최고의 경지에 이른 석가모니를 따르는데, 석가모니는 인간일 뿐 메시아가 아닙니다. 그 점에서 기독교와 다릅니다.

이 밖에도 종교처럼 보이나 종교가 아닌 것들이 있습니다. 신과 인간 사이의 매개자라고 자처하는 박수나 무당과 같은 영매들은 자신이 신의 계시를 받았다고 하면서 자기를 찾아온 사람들이 일상에서 필요한 결정을 내리는 데에 도움을 줍니다. 이사나 개업을 할 때 '손 없는 날'을 택하는 것을 예로 들 수 있습니다. 그들은 손 없는 날을 어떻게 알고 인간에게 선택하도록 지시하는 것일까요? 영매에게 계시했다는 그 신은 누구일까요?

여기서 먼저 신에 대해 알아야 할 필요성을 발견합니다.

인간은 자신의 필요에 따라 수많은 신을 만들어 냈습니다. 힌두교에 이런 신들이 가장 많이 있는데, 삶의 형편마다 하나씩 있습니다. 부부의 신, 전쟁의 신, 병마 퇴치를 위한 의술의 신 등 각각의 경우마다 초월적 존재가 사람을 보호하고 문제를 해결해 주어야 한다고 여겨 각종 신을 만들어 냈습니다. 이런 경우는 신이 '나는 이런 신이다'라고 알려 준 것이 아닙니다. 사람들이 자신의 현실적 필요를 가정한 다음, 그 필요를 채워 줄 신을 만들어 낸 것입니다. 마음의 평안, 건강 등의 바람을 이루어 줄 존재입니다. 이처럼 신이 자신을 계시한 것이 아니라, 사람들이 '이 문제를 해결해 주십시오'라는 필요에서 만들어 낸 대상을 성경은 '우상'이라고 부릅니다.

그러니 우상 숭배란 하나님이 아닌 다른 신을 섬기는 문제이기 전에 자기에게 필요한 신을 스스로 만들어 섬기는 것을 말한다고 볼 수 있습니다. 사람이 만든 신에게는 계획도, 목적도, 의지도 없습니다. 이사야 44장에는 우상 숭배를 꾸짖는 말씀이 나옵니다. '너희가 산에 올라 나무를 베어 가지고 와서 일부는 장작을 패서 쓰고, 일부는 조각해서 세워 놓고 그 앞에 가서 소원을 들어 달라고 비는 것이 말이 되냐? 너희 신들이 말은 하더냐?' 이 구절에서 핵심은, 조각은 말을 하지 못한다는 데에 있지 않습니다. 신이라면 자기가 어떤 신인지를 설명해 줘야 하고, 신자들에게 무엇을 해 줄 수 있는지 약속하고 그것을 이루어 주어야 한다는 점에 있습니다.

다시 처음으로 돌아가 봅시다. 종교가 성립하려면 우선 신이 있어야 하고, 그 신은 자신을 설명하고 우리의 필요를 어떻게 채워 줄 수 있는지를 증명해 보여야 합니다. 그런데 우리에게 있는 종교적 본성을 살펴보면, 우리는 신이 어떤 방법으로 우리의 필요를 채워 주는지를 생각하는 것이 아니라, 우리가 윤리적으로 착하게 살고 지극정성을 다하면 신이 감동을 받아 복을 내릴 것이라고 생각합니다.

한국인에게 고유한 무속 신앙을 생각해 봅시다. 옛날에는 여인이 아들을 못 낳는 것을 큰 죄로 여겨서 아들을 얻기 위해서는 신을 감동시켜야 했습니다. 이른 새벽에 일어나 목욕재계한 후 소복을 입고 정화수를 떠다 놓은 다음 '신이 있다면, 이 정성에 감동하여 제 필요를 채워 주십시오' 하고 빌었습니다. 여기에는 신의 역할이 없습니다. 신의 반응이나 의지 같은 것은 없고, 자신의 필요에 따라 신이라는 걸 만든 절박한 사람이 신이라는 대상에 지극정성을 바치면서 자신을 속이고 있을 뿐입니다. 자신을 속인다는 말이 가혹하게 들릴 수 있지만, 그 행위는 없는 대상에게 자기의 필요를 구하는 정성에 불과한 것입니다.

갈멜산에서 엘리야와 바알 선지자들이 모여 누가 믿는 신이 진짜이며 어느 신이 응답해 주는지 보자고 했을 때, 하나님이 응답하십니다. 바알 선지자들은 자기들의 신이 응답해 주지 않자 나중에는 자기들의 몸을 상하게 하여 피를 흘리기까지 하였습니다. 그들은 자기들이 지닌 모든 것을 쏟아부으면 신이 감동해서 보상해 줄 것이라고 믿었습니다. 이것이 우상입니다. 하나님은 신으로서 가지신 자기 설명, 자기 목적, 자기 요구가 있는데, 우상에게는 자기 설명과 자기 목적, 자기 요구나 계획이 없습니다.

기독교에서는 신이 자신을 설명하십니다. 구약 내내 하나님은 당신을 '아브라함의 하나님, 이삭의 하나님, 야곱의 하나님'(출 3:6)이라고 소개하십니다. 하나님은 신자들의 생애 속에 찾아와 그들에게 약속하시고 도전하시고 때로는 그들과 씨름하시며, 그들을 더 높은 경지로 이끌기 위해 개입하시는 하나님이심을 증언하십니다. '나는 너희를 종 되었던 애굽에서 구원해 낸 너희 하나님이니라. 나는 시내산에서 너희에게 율법을 준 너희 하나님이니라'(출 3장). 이렇게 하나님은 구약 내내 이스라엘 백성과 씨름하시면서 그들에게 당신을 설명하시고, 당신이 원하시는 바를 계속해서 이해시키시며 그들을 설득하십니다. 이스라엘 백성들은 하나님에게 벌을 받기도 하고, 칭찬을 받기도 하는 모든 과정을 통해 하나님이 누구신지, 하나님이 자기들에게 무엇을 원하시는지를 배웁니다. 하나님은 우리에게 '착하게 살아라', '지극 정성으로 나를 모셔라'라고 명령하지 않고, '여호와를 알라' 이렇게 말씀하십니다.

우리가 막연하게 지니고 있는 자연주의적 종교관에 대해 생각해 봅시다. 이 종교관에 근거해서 착하게 살고 자신의 모든 것을 바쳐 간절하게 빌면 신이 감동하여 우리에게 보상해 줄 것이라고 여기는데, 그 보상은 언제나 자기가 원하는 것들입니다. 신이라는 존재가 신자들을 향해 어떤 목적을 가지고 있고, 그들과 어떤 관계에 있으며, 어떤 방법으로 일하시는가에 대한 설명은 언제나 제외되어 있습니다.

예를 들어 '당신은 오늘 죽어도 천국에 갈 것을 확신합니까?'와 같은 질문은 부흥 시대에 많이 했던 검문인데, 이 질문에는 하나님이 빠져 있습니다. '천국에 가는 것'과 '나의 확신', 이 둘밖에 없습니다. 여기서 내가 구원의 확신을 갖는 것은 나의 감동과 진심 때문입니다. 반면에 하나님이 하라고 하시는 일을 내가 얼마큼 따라가고 있는지, 그 과정과 성숙도에 관한 내용은 이 질문에 없습니다. 이 지점이 한국 교회가 넘어서야 할 자리입니다.

하나님을 믿고 하나님에 대해 배워도, 하나님이 어떤 식으로 일하시는지, 우리에게 무엇을 원하시기에 우리로 이런 현실을 살게 하시는지를 생각하는 데까지는 이해를 넓히지 못합니다. 성경이 그토록 많이 이야기하는데도 우리가 이것을 이해하지 못하면, 우리는 우리가 가진 진심과 열정으로 사람들을 항복시키려고만 할 것입니다. 실제로 한국 교회에는 이런 이해가 부족했습니다. 교회사에 있었던 순교나 부흥이 사소하다는 말이 아니라 그런 것들은 다 우리를 어딘가로 데려가기 위한 과정에 속한다는 것을 말하고 싶습니다.


## 신앙의 네 단계

기독교 신앙의 과정은 대략 네 단계로 나눠 볼 수 있습니다. 첫째는 '출생'입니다. 예수를 만나 신자로 태어난 단계입니다. "나는 1974년에 여의도에서 열린 '익스플로 74'에서 예수를 만났어"라는 고백을 생각해 봅시다. 부흥 시대에 유행했던 구호는 'I found it'인데, 'it'이 가리키는 것은 '구원의 확신'입니다. 당시 '나는 구원을 확신해'라는 말은 자기의 신앙에 대한 고백처럼 사용되었습니다. 예수를 만나고, 예수가 누구인지 알게 되고, 자기 자신이 어떤 존재인지 알게 되고, 천국에 갈 수 있다는 확신을 얻는 데에 이르기까지 부흥 시대에 맛본 기적과 감격이 생생하게 남아 있는 때가 바로 '출생' 단계입니다. 이때는 예수를 모르는 사람들에게 예수를 믿으라고 전도하면서, 죽으면 천국과 지옥이 있다는 것까지는 말할 수 있는 시기입니다.

그런데 당장 죽지 않으니 어차피 살기는 살아야 하는데, 사는 동안 처음 맛본 감격이 계속 이어지지 않습니다. 그래서 각오만으로 답이 되지 않는 긴 세월을 보내야 합니다. 산다는 것은 모호하고 막막한 일입니다. 생존 경쟁 속에 던져져 밥벌이를 계속해야 하고 그저 자기 자리를 지키기에 바쁜 날들이 우리네 일상인데, 도대체 이게 뭔가 싶습니다.

우리는 이런 의문이 듭니다. '왜 하나님은 우리에게 능력과 지위를 맘껏 부어 주셔서 우리로 하나님의 영광을 드러내게 하여 모두를 하나님 앞으로 인도하게 하는 방법을 쓰지 않으실까?' 신앙 초기에는 '출생'을 전부라고 여겼기 때문에 선교사가 되는 것을 최고로 칩니다. 한때 '가든지, 보내든지'라는 구호가 유행했는데, 어떻게 보면 오히려 선교사로 가는 편이 보내는 편보다 더 쉬웠습니다. 못 가게 된 사람들이 훨씬 많았는데, 이들은 가는 선교사를 위해 후원금을 내는 것 말고는 그다음으로 할 수 있는 신앙 행위가 없었습니다. 그래서 각자 다니는 직장에 신우회를 만들기 시작했습니다. 일상에서 자신의 신앙을 확인하는 방법으로 믿는 사람들끼리 점심시간을 쪼개서라도 모여 서로 감격을 확인하고 점검하지 않으면 현실을 살아갈 수가 없었던 것입니다. 저는 교인들에게 신우회로 모이지 말라는 설교를 많이 했는데, 일상이야말로 하나님이 우리를 기르시는 방법이라고 생각했기 때문입니다.

출생하면 다가 아닙니다. 출생한 다음에는 자라야 합니다. 한 사람의 생애 속에서 제일 예쁠 때는 태어나서 여섯 살 정도까지입니다. 그 나이대의 아이들에게는 아무런 책임을 묻지 않습니다. 그 시기의 아이는 적당한 반응만 보이면 됩니다. 이름을 부르면 돌아보고, 맛있는 거 주면 활짝 웃고, 시키는 대로 하면 됩니다. 그때는 '엄마가 이거 하지 말랬어. 엄마가 이거 하랬어'라는 말을 가장 많이 합니다. 이 시절에는 아이가 자라지 않는 것이 가장 무서운 병입니다. 이 병은 절대 생기면 안 됩니다. 아이가 계속 여섯 살에 머물러 있으면 큰일입니다. 체중이 늘지 않고 키가 크지 않는 것만이 문제가 아닙니다.

생각이 자라야 하는 것입니다. 가치와 의미에 대하여 이해하는 성숙한 인간이 되어야 합니다. 그런 과정을 '사춘기' 또는 요즘 말로 '중이병'이라고 합니다. 그 시기를 거쳐야 '엄마가 하랬어'가 아닌, 자기 판단, 자기 결정, 자기 지혜가 생깁니다. 이럴 때는 어떻게 해야 하는가, 기독교는 인간의 책임을 어떻게 요구하는가, 하는 것에 대해 스스로 분별과 지혜와 실력을 갖추어야 하는 것입니다. 그다음에 어른이 됩니다.

그런데 모두가 다 어른답게 자라는 것은 아닙니다. 교회에서 어른답지 못한 사람들을 종종 봅니다. 교회에서 듣는 미운 발언 중 하나는 '우리 교회는 사랑이 없어. 우리 교회는 고백이 없어'라는 비판입니다. 긍정적 내용이 담긴 이야기가 거의 없습니다. 부흥 시대에는 새롭게 태어난 신자의 기쁨이 교회 안에 가득하여 여기저기서 갓 태어난 아기가 울어 대는 소리라도 들렸지만, 그다음 내용은 없었습니다.

그래서 교회마다 문제가 생겼습니다. 교회에서 신학생들을 잘 키워 훌륭한 목사로 기르려 하지 않고, 좋은 목사를 찾아다니려고만 한 것입니다. 교회에서 누가 신학교에 간다고 해도 격려하거나 신학 공부를 잘 해내도록 도와주면서 훌륭한 목사로 키우는 일을 하지 않습니다. 신학교에 장학금은 내면서도, 누구네 집 자녀가 신학을 공부한다고 하면 깜짝 놀라며 '멀쩡하게 생겨서 왜 신학을 하나?' 싶은 눈으로 쳐다봅니다. 목사를 고를 때는, 외국 유학은 필수이고 키는 몇 이상 되어야 한다며 까다롭게 굽니다. 진정한 안목이 없습니다. 목사도 괴롭기는 마찬가지입니다. 생존 경쟁으로 치열한 싸움이 벌어지는 일상에서 하나님의 자녀로 사는 방법에 대해 제대로 된 가르침을 주지 못한 채 목회를 합니다.

교회 안에는 앞에서 말한 단계들을 지나고 있는 사람들이 함께 모여 있습니다. 갓 출생한 사람이 있고, 시키는 대로 일하는 봉사자가 있고, 자발적으로 헌신하는 사람도 있습니다. 반면 '난 다 맘에 안 들어. 모두 다 거짓 같아'라고 생각하는 사람도 있습니다. 사춘기를 지나는 사람들입니다. 이런 사람들이 한데 섞여 있는 것은 당연합니다. 이런 과정이 없으면 성인이 되지 않습니다.

스스로 결정하고 헌신하고 책임지는 어른이 되어야 합니다. 그다음에는 부모가 되어 자녀를 기르는 과정이 있습니다. 물론 시시때때로 발생하는 모든 문제를 완벽하게 해결하면서 자녀를 기를 수는 없습니다. 기다려 주는 시간이 필요합니다. 성경을 통해 발견하는 놀라운 사실은 하나님이 사망의 자리까지 우리를 따라 들어오신다는 것입니다. 그래서 우리 인생 속에 벌어지는 온갖 낙담, 자책, 절망 같은 것들이 우리에게 후회와 상처가 된다고 할지라도 하나님이 들어오시면 그것들이 일을 합니다. 사망도 일을 합니다. 이는 굉장한 약속입니다. 하나님이 사망 위에 부활을 세우십니다. 이 큰 약속 속에 우리가 있다는 것을 알아야 합니다.

우리가 가진 연약한 모습에도 불구하고 하나님은 놀랍게도 당신에 대해 끊임없이 설명하십니다. 그런데 우리는 성경을 읽으면서도 하나님이 어떤 분인지 모릅니다. 성경에서 하나님은 우리에게 당신을 설명하시고, 우리에게 어떤 목적을 가지고 계신지, 어떤 방법으로 일하시는지에 대해 그토록 반복하여 이야기하시는데, 우리는 성경을 아무리 읽어도 깨닫지 못해서 그런 이야기를 하는 사람이 없습니다. 도덕적 관점이나 신앙적 결단의 차원에서 말씀을 해석한 적용만 나눌 뿐 기독교는 이런 것이구나, 우리의 일상은 이런 기회구나, 하는 것을 모릅니다.

에베소서 1장을 봅시다. 3절에서 6절까지가 중요합니다.

찬송하리로다 하나님 곧 우리 주 예수 그리스도의 아버지께서 그리스도 안에서 하늘에 속한 모든 신령한 복을 우리에게 주시되 곧 창세 전에 그리스도 안에서 우리를 택하사 우리로 사랑 안에서 그 앞에 거룩하고 흠이 없게 하시려고 그 기쁘신 뜻대로 우리를 예정하사 예수 그리스도로 말미암아 자기의 아들들이 되게 하셨으니 이는 그가 사랑하시는 자 안에서 우리에게 거저 주시는 바 그의 은혜의 영광을 찬송하게 하려는 것이라 (엡 1:3-6)

하나님의 의지가 어느 정도인지 헤아려 볼 수 있는 말씀입니다. '하나님 곧 우리 주 예수 그리스도의 아버지께서 하늘에 속한 모든 신령한 복을 우리에게 주시며 예수 안에서 우리를 택하시며 그 사랑 안에서 우리를 자녀 삼으시며 우리로 하여금 거저 주시는 그의 은혜의 영광의 꽃이 되게 하겠다.' 이런 내용으로 하나님이 의지에 찬 선언을 하고 계십니다. 이런 종교는 없습니다. 이슬람교에는 규칙과 율법이 있을 뿐입니다. 신이 개입하여 전적으로 우리 인생을 책임지겠다고 뛰어드는 경우는 기독교에만 있습니다. 이런 차원에서 하나님은 우리로 하여금 당신의 영광의 찬송이 되게 하겠다는 의지를 보이십니다.

여기서 '하나님의 영광의 찬송이 되게 하겠다'라는 말은 우리로 하여금 당신에게 영광을 돌리거나 숭배하는 행위를 하게 만들겠다는 의미가 아니라, 하나님이 당신의 아들을 보내어 보여 주신 인간의 지위와 자리를 통하여 당신의 영광을 증언하겠다는 뜻입니다. 굉장합니다.

'하나님은 사랑이시라'(요일 4:16)라는 말씀이 있습니다. 성경은 하나님을 사랑으로 정의한 다음, '사랑 안에 두려움이 없고 온전한 사랑이 두려움을 내쫓나니'(요일 4:18)라는 말씀을 이어 갑니다. 하나님은 우리에게 사랑의 관계, 믿음의 관계를 맺자고 하십니다.

예수를 믿는다는 것은, 예수님을 애절하게 붙잡고 늘어지는 신심의 진정성을 가지고 하나님을 항복시켜 우리가 원하는 보상을 받아 내는 행위가 아닙니다. 하나님이 당신의 창조 목적을 이루기 위하여 우리의 인생과 존재에 개입하시고 우리를 붙잡는다는 차원에서, 예수를 믿는다는 말을 이해해야 합니다. 우리는 이 사실에 겁을 냅니다. 신이 사랑과 믿음을 나누자고 찾아오는 것이 겁나서, '그냥 제가 알아서 벌벌 길 테니 제 필요나 채워 주세요' 하고 밀어냅니다. 구약에 내내 나오는 내용입니다.

이스라엘 백성이 애굽에서 노예로 살고 있을 때는 위에서 하라는 대로 하면 되었지만, 출애굽 하여 도착한 광야와 가나안에서는 그들 스스로 책임을 져야 했습니다. 책임을 지는 것이 두려웠던 그들은 계속 애굽으로 돌아가자고 합니다.

## 신자의 자유와 책임

〈쇼생크 탈출〉이라는 영화가 이 내용을 잘 담고 있습니다. 〈쇼생크 탈출〉의 원제는 〈The Shawshank Redemption〉인데, '쇼생크'는 우리말로 '시삭'입니다. 그러니까 번역하면 '시삭의 구원'인데, 시삭이 메시아라는 의미가 아니라, 시삭이 구원을 받는다는 의미입니다. 쇼생크는 이 영화에 등장하는 교도소의 이름입니다. 중범죄를 저지른 죄수들이 붙잡혀 있는 교도소와 주인공이 거기서 탈출하는 구원의 이야기가 '자유와 책임'이라는 주제로 연결되는 내용을 그린 작품입니다.

하나님은 우리에게 이렇게 말씀하십니다. '내가 너희에게 주려고 하는 지위와 신분과 운명은 너희가 잘하면 받는 보상이거나 못하면 빼앗기는 벌이 아니다. 내가 너희를 목적하는 그 자리까지 끌고 가려고, 지금 나는 너희와 씨름하는 중이다.' 우리는 인과응보적 신앙관에 익숙한 나머지, 잘못하면 벌을 받을 것이라고만 생각하여 그 잘못이 우리를 훌륭한 길로 나아가게 하는 역할을 한다고는 생각하지 못합니다. '모든 것이 합력하여 선을 이루느니라'(롬 8:28)라는 말씀의 의미를 모르기 때문입니다.

하나님은 예수를 통해 보이신 하나님의 자녀라는 이름이 지닌 명예를 우리가 누리기를 원하십니다. 예수가 십자가를 지신 사건에서 볼 수 있듯이, 예수는 메시아로 오셨음에도 구원의 대상, 은혜의 대상인 자들에게 죽임을 당하십니다. 이런 모순과 갈등이 우리를 만들어 갑니다. 이것이 기독교가 말하는 반전입니다. 우리는 정신 없이 현실을 사느라 조용히 앉아 큐티 한번 할 시간이 없습니다. 바쁘게 살다가 집에 와 쓰러져 자고, 겨우 일어나서 아침에 또 일하러 나갑니다.

예수님이 살아온 33년의 인생 중 공생애는 3년 반입니다. 예수님은 그 기간 동안 많은 기적을 베풀었지만 그를 알아주는 사람은 없었습니다. 예수님이 예루살렘에 입성하실 때 '찬송하리로다. 호산나. 찬송하리로다. 주의 이름으로 오시는 이여' 하고 환영했던 인파가 나중에는 예수를 십자가에 못 박으라고 돌변합니다. 메시아가 자신이 죽게 될 것을 이야기하자, 사람들은 배신감이 얼마나 컸던지 바라바를 놓아줄지언정 예수는 그냥 죽이는 것도 모자라 십자가에 매달라고 소리 지릅니다. 빌라도가 예수의 피에 대하여 자기는 무죄하다고 하자, 그들은 '그 피를 우리와 우리 자손에게 돌리시오'라고 외칩니다. 그들은 도대체 왜 그렇게 분개한 것일까요? '하나님은 일을 왜 이렇게 하시는가'에 대해서 분개한 것입니다.

오늘날 우리도 반복하여 분개하는 지점입니다. '하나님은 왜 하필 이런 식으로 일하시는가?' 다른 길이 다 막혀서 어쩔 수 없이 목사가 되었는데, 보란 듯한 형통이나 열매도 없이 이 길을 계속 걸어야 한단 말인가 싶을 정도로 고단한 현실이 기다리고 있습니다. '목사님이 저를 위해 기도해 주시면 뭐든지 잘될 것 같아요' 하고 의지하는 교인들 앞에서는 기도하는 내내 확신이 없는데, 그렇다고 시치미를 뗄 수도 없고, 이런 마음으로 어떻게 목숨을 걸고 사역을 한단 말인가 싶습니다. 그런데 이런 것들이 일을 한다고 성경은 말씀합니다. 그러니 기독교는 다른 것입니다.

한국 기독교, 아니 이천 년 세계 기독교 역사에서 가장 큰 잘못은 누구를 비난하고 정죄해서 자기 정체를 확인한 일입니다. 제일 많이 비난을 받은 대상은 유대인들입니다. 그들에게는 '메시아를 죽인 놈들'이라는 비난이 늘 따라다녔습니다. 유명한 성당에 걸려 있는 명화를 보면, 유대인들이 개나 돼지 가운데 더러운 모습으로 섞여 있는 장면을 발견하곤 합니다. 유대인을 비난함으로써 '너희는 예수를 몰라보고 죽였지만, 나는 알아보고 믿었어' 하고 자랑하는 것입니다. 요즘도 등산하다가 산속에 있는 절에 돌을 던지고 돌탑을 보면 일부러 무너뜨린 후 산에 오르는 기독교인들이 있습니다. 그런데 예수님은 그런 식으로 자신을 증명하지 않으셨습니다. 그는 죄인을 구하러 오셨습니다. '나는 죄인을 위하여 왔다. 나는 섬기러 왔다.'

성경은 누구를 비난하고 정죄함으로써 자신의 옳음을 증명하라고 말하지 않습니다. 예수를 믿는 사람과 안 믿는 사람은 무엇이 다른지 우리의 존재로 보여야 합니다. 죽음 이후의 운명에 대해서만 이야기하지 말고, 살아생전에 무엇이 다르며, 그래서 어떻게 살아야 하는지, 인간이란 어떠해야 하는지를 보여야 합니다.

예수님은 보복하지 않으셨습니다. 많은 신자가 요한복음 3장 16절은 잘 알면서 17절은 잘 모릅니다. 17절은 '하나님이 그 아들을 세상에 보내신 것은 세상을 심판하려 하심이 아니'라고 말씀합니다. 남의 잘못을 비난하여 자신을 증명해 보이는 것은 자기기만일 뿐입니다. 세상과 다르게 살아야 합니다. 속 깊은 사람이 되십시오. 타인을 기다려 주십시오. 자신에게 잘못한 사람들을 용서해 주십시오. 예수님은 자신의 죽음으로 사망을 멸해야 하는 그 길을 걸어가셨습니다. 그 일을 중단할 수 없다는 것을 아셨습니다. 백성들이 알아듣거나 못 알아듣는 것은 예수님에게는 상관없는 문제였

습니다. '내가 사망의 자리에 들어가서 임마누엘을 보여야 한다. 내가 사망의 자리를 없애야 한다.'

기독교 신앙을 가졌다고 말할 수 있으려면, 하나님이 누구신지를 이해해야 합니다. 하나님은 당신의 형상으로 빚은 우리를 자녀로 삼으셔서 우리에게 사랑과 믿음을 나누자고 하시는 분입니다. 구약 성경에 아버지와 아들은 동격이라는 개념이 있습니다. 서열이 다르고, 창조주와 피조물이라는 지위에서는 차이가 있지만, 관계에서는 동격일 수 있습니다. 하나님이 우리를 자녀로 부르신다는 것은 우리와 대등한 관계를 요구하신다는 것입니다. 이는 신이 인간의 몸을 입고 오시는 것으로 증명됩니다. 하나님이 인간을 어떻게 대접하시는지 보십시오. 신이 육체를 입고 오십니다. 굉장히 놀랍습니다.

기독교는 우리의 상상을 뛰어넘는 설명으로 가득 차 있습니다. 하나님은 그리스도 예수 안에 있는 은혜로 말미암아 우리에게 하나님의 영광의 찬송이 되는 지위와 신분을 주셨습니다. 그 자리에 이르게 하기 위하여 우리를 현실 속에, 죄와 사망 속에 보내셨습니다. 죄와 사망이란, 하나님을 모르는 것, 쓸데없는 일밖에 할 수 없는 것을 말합니다. 그 속에서 우리는 하나님을 알고, 하나님이 우리에게 주신 약속을 통해 인간은 어떠해야 한다는 것을 깨달아 그렇게 살아 내도록 요구받고 있습니다. 전도나 선교적 차원의 행위에 대한 요구를 넘어선 존재론적 요구입니다. 인생이 무엇을 만들어 내는 과정인지를 아는 성실과 충성과 인내, 그리고 꺼지지 않는 소망을 가지고 살아 내는 것입니다. 이것을 알아야 합니다.


## 동참하는 거룩하고 성숙한 자리


우리를 향한 하나님의 계획과 의지를 따라 산다는 것은 단지 착하게 산다는 것과 어떻게 다른지 성경 속 이야기를 통해 설명해 보겠습니다. 이를 잘 설명해 주는 모델로 구약에서는 욥을, 신약에서는 탕자의 비유를 들 수 있습니다.

욥기는 이 문제를 다룬 중요한 책입니다. 우리가 욥기를 읽을 때 어렵다고 여기는 이유는 욥기 1장에 깔린 전제를 제대로 이해하지 못해서입니다. 그 전제란 욥이 의인이라는 것입니다. 그는 틀리지 않았습니다. 그런데 그의 친구들은 자꾸 욥에게 틀렸다고 비난합니다. 나중에 하나님이 욥을 직접 만나 말씀하시는 대목인 욥기 38장 바로 앞까지 논쟁

이 계속 이어지는 것을 보면, 친구들의 오해가 얼마나 깊은지 알 수 있습니다.

욥기 1장을 보면, 사탄이 하나님에게 욥을 고발하자 하나님이 이렇게 응수하십니다. "너는 밤낮 시비나 걸고 남을 참소하러 다니는구나. 대체 뭐 하는 것이냐? 욥을 봐라." 그러자 사탄이 이렇게 대답합니다. "욥은 하나님이 잘해 주니까 잘하죠. 잘해 주지 않는데, 욥이 까닭 없이 잘하겠어요?" 이렇게 해서 하나님과 사탄 사이에 내기가 시작되고, 욥은 고난에 처하게 됩니다. 자기 소유를 다 빼앗기고, 자녀가 다 죽고, 온몸에 병이 납니다.

욥은 자신의 현실을 이해할 수 없어 괴로워합니다. 친구들이 그의 소식을 듣고 찾아옵니다. 친구들은 욥의 형편이 너무 안돼 보여서 감히 말을 건네지 못합니다. 그런데 욥은 친구들의 눈빛만으로도 속이 터졌던 모양입니다. 그는 자신의 생일을 저주합니다. '나는 왜 태어났을까? 내 생일은 왜 달력에 있을까?' 하고 시적인 표현으로 한탄하는데, 친구들이 '너는 말을 왜 그렇게 하냐? 네가 뭔가 잘못한 게 있으니 지금 이 일을 당하는 것이다. 그렇게 앉아서 원망만 쏟아 내면 되겠냐. 빨리 회개해라'라고 합니다. 친구들은 욥이 회개만 하면 더 큰 복을 받을 것이라고 합니다. 욥기 8장에 나오는 말씀입니다. "네 시작은 미약하였으나 네 나중은 심히 창대하리라"(욥 8:7). 신자는 물론 비신자에게도 잘 알려진 이 구절은 사실 이런 상황에서 등장한 것인데, 많은 이들이 사업장에 걸어 두고 사업이 번창하기를 바라고 있습니다. 욥기를 모르는 것입니다.

욥은 친구들이 거는 시비에 이렇게 답합니다. '난 잘못한 것이 없다.' 그러자 친구들이 '그럼, 하나님이 잘못했다는 것이냐?'라고 따집니다. 욥은 '나도 이해가 안 간다. 나는 잘못한 것이 없는데, 하나님이 왜 이러시는지 모르겠다' 하고 결국 하나님에게 '하나님, 우리 계급장 떼고 한번 만납시다'라고 요청하게 됩니다. 그래서 욥기 38장에 하나님이 등장하십니다.

이 대목이 재미있는데, 하나님은 욥의 친구들이 한 말과 전혀 다른 말씀을 하십니다. 친구들은 욥에게 '틀렸으면 네가 틀렸지, 하나님이 틀렸을 리 없지 않냐? 하나님은 온전한 분이고, 모든 권력의 주인이신데 어떻게 잘못하실 수 있겠냐? 그런데 네가 그렇게 대들면 되겠냐?'라고 꾸짖는데 반해, 하나님은 욥에게 나타나 창조 세계를 보이십니다. '너는 내 우박 창고를 보았느냐? 너는 악어의 힘이 어디서 나오는지 아느냐?' 이것은 욥에게 겁을 주려는 말씀이 아니라, '너는 이 정도는 알고 있어야 한다'라는 말씀입니다. '나는 창조주이자 권능자이고, 너는 나에게 대접을 받는 내 자녀, 내 후계자다'라는 사실을 알아야 한다는 것입니다. 욥은 하나님에게 벌벌 기어야 하는, 잘해야만 보상을 받는 그런 존재가 아니라는 이야기입니다.

다음으로 신약에 나온 탕자의 비유를 생각해 봅시다. 작은 아들이 자기 몫의 재산을 받고 집을 나가 다 탕진한 후 돌아와서 이렇게 이야기합니다. '나는 아버지의 아들이라는 자리를 감당할 수 없습니다. 나를 종으로 여겨 주십시오.' 그런데 아버지는 하인들을 불러 그에게 가락지를 끼우고 새 신을 신기고 새 옷을 입히게 합니다. 잘잘못으로 아들의 신분과 지위가 변경되지 않는다는 것을 보여 줍니다.

큰아들은 밭에서 일하고 돌아오는 길에 잔치 소리를 듣게 됩니다. 아버지가 큰아들에게 이 기쁨에 동참하자고 권하지만 그는 싫어합니다. 늘 열심히 일하고 자리를 지킨 자기한테는 염소 새끼 하나 잡아 준 적이 없지 않냐며 불평합니다. 그러자 아버지가 이렇게 타이릅니다. '애야, 너는 항상 나와 함께 있으니 내 것이 다 네 것 아니냐.'

이 비유에는 생각할 점이 두 가지 있습니다. 아들의 처지는 아버지 안에 있을 때에 가장 부요하다는 것과 그 부요함을 자신의 것으로 누려야 한다는 점입니다. 큰아들은 아버지가 시키는 일을 겨우 하는 정도에 머물러서는 안 되고, 주인의 자리를 이어받을 사람으로서 일한다는 이해가 있어야 합니다. 어릴 때는 그런 생각을 하지 못합니다.

아마 욥도 이런 생각에 이르지 못했기에 하나님이 욥을 꾸짖으셨다고 여겨집니다. '너는 무슨 근거로 내가 틀렸고, 너는 틀렸을 리 없다고 대들었느냐?' 정확히 이렇게 묻지는 않았지만, 아마 이런 의미로 질문하셨을 것입니다. 욥은 잘못이 없지 않습니까? 그런데 여기서 중요한 것은, 잘못이 없음이 전부가 아니라 욥이 성숙해져야 한다는 것입니다. 사람이 크려면 직접 부딪혀 봐야 합니다. 무엇이든 직접 해 봐야 합니다. 처음에는 몰라서 분별하지 못합니다. 분별이 생기기까지 많은 경험이 필요합니다. 분별이 생겨도 곧바로 행동할 수 있는 것은 아닙니다. 실력을 갖추려면 많은 시행착오를 겪어야 합니다. 전지전능해지거나 해결사가 되어야 하는 것이 아니라, 인간이라는 성품과 인격이 어떤 존재론적 정체성을 가져야 하는지를 배워야 한다는 것입니다.

로완 윌리엄스는 좋은 책을 많이 썼습니다. 특히 그는, 성경에 있는 단어들이 일상에서 쓰는 의미 그대로 해석되는 바람에 자주 오해되곤 했던 점을 바로잡아 주는 중요한 작업을 해 왔는데, 그중 제게 와닿았던 단어는 '거룩'입니다. 우리에게 '거룩'은 '구별' 혹은 '차별'이라는 의미로 남아 있습니다. '하나님은 거룩하시다'라는 말을 들으면, 하나님은 신적 존재이자 전지전능한 주인이고 우리는 그 졸병이라는 이미지가 떠오릅니다. 그런데 로완 윌리엄스는 거룩을 이렇게 정의합니다. '거룩은 상대방에게 동참하는 것이다.' 하나님은 우리의 존재에 동참하시는 분입니다. 우리와 동참하고자 하시는 하나님의 거룩하심을 잘 드러내 주는 구절이 있습니다. '아버지께서 내 안에, 내가 아버지 안에 있는 것 같이 그들도 다 하나가 되어 우리 안에 있게 하사 세상으로 아버지께서 나를 보내신 것을 믿게 하옵소서'(요 17 : 21)에서 보듯, 거룩은 함께함입니다. 이것이 기독교입니다.

이 자리에 이르려면 앞에서 말한 단계들을 거쳐야 합니다. 출생하고, 자라나고, 사춘기를 겪고, 나아가 성숙해져야 합니다. 때로는 이 과정이 쓸모없게 여겨지기도 하겠지만, 처음부터 바로 어른이 될 수는 없습니다. 성인이 되는 자리에 가기 위해 거쳐야 하는 과정이 있으며, 그 결과로 성숙한 신자가 된다는 사실을 이해하는 것이 중요합니다.

욥이 '난 잘못한 게 없잖아요'라고 한 것은, 도덕과 윤리의 차원에서 잘못하지 않았다는 의미일 뿐입니다. 거짓말을 하지 않고 교만하지 않았다는 것에 불과합니다. 그러나 교만하지 않은 것만으로 겸손하다고 할 수는 없습니다. 겸손은 따로 더 노력해야 하는 것입니다. 시험을 치를 때 커닝을 안 하는 것이 전부가 아니라, 정답을 써야 하듯이 말입니다. '난 커닝 안 했어. 그러니까 100점 받아야 해' 이렇게 이야기하는 건 말이 안 됩니다. 해야 할 기도나 선행의 분량을 채우는 것이 문제가 아니라, 우리가 자라나고 성숙해져야 합니다.


## 믿음과 사랑을 나누는 관계


하나님은 우리가 도덕을 지키고 선행을 하면 단지 보상해 주시는 분에 불과하지 않습니다. 조물주로서 우리를 자라게 하시기 위하여 자기 아들까지 내놓는 의지와 권능을 가지신 하나님입니다. 하나님은 우리에게 하나님의 영광의 찬송이 되라고 하셨는데, 이 말은 하나님과 우리의 관계가 믿음과 사랑을 나누는 관계가 되어야 한다는 것입니다.

  믿음과 사랑은 기독교에서 많이 사용되는 단어인데, '거룩'이나 '기적'과 같은 단어와 차이가 있다면, 전자에는 관계적 의미가 담겨 있다는 점입니다. 믿음과 사랑은 명분이나 개념으로만 성립하는 것이 아니라 상대방이 있어야 성립하는 것입니다. 이것이 기독교 신앙에서 말하는 사랑과 믿음입니다.

그런데 우리는 '예수를 믿습니다'라는 말을 잘못 사용해 왔기 때문에 그 의미를 제대로 이해하기가 어려웠습니다. 여기서 믿음은 헌신이나 각오의 의미가 아닌데, 우리는 그런 조건으로 사용해 온 것입니다. '예수를 믿으면'이라는 말은 신자의 자격이나 조건을 강조하기 위해서 쓰는 말이 아니라, 관계적 차원에서 이해해야 하는 말입니다. 관계적 차원이라는 말을 이해하기 위해서 혈육을 떠올려 봅시다. 부모와 자녀는 잘잘못을 넘어서 있는 관계입니다. 아무리 잘못해도 버릴 수 없고, 죽일 수 없고, 외면할 수 없습니다. 이런 의미에서 하나님이 우리에게 사랑하자고 하시고 믿음을 나누자고 하시는 것입니다.

하나님은 우리와 당신을 분리하지 않으십니다. 그런데 우리는 뭔가 잘못하면 하나님이 우리를 외면하실 거라고 생각하고, 잘하면 하나님이 보상해 주셔야 한다고 생각하는 바람에 관계에서 누리는 진정한 재미와 위대함을 경험하지 못합니다. 관계에서 서로 대응하려면 각자 자발성이 전제되어야 하므로 자유가 필요합니다. 자유란 놀라운 것입니다. 창세기 1장에 나온 '아담을 하나님의 형상으로 지었다'라고 하는 대목에서, 하나님의 형상이 무엇인가에 대해서는 여러 논의가 있지만, 저는 가장 기본적인 특징을 자유라고 생각합니다. 자유가 있어야 자발성을 갖는 것이 가능하고 믿음과 사랑이라는 것이 성립합니다.

하나님은 아담에게 선악과를 먹지 말라고 명령하셨는데, 아담은 먹었습니다. 우리 생각에는, 인간이 먹으면 안 되는 것을 먹지 못하게 하나님이 처음부터 막아 두셨으면 좋지 않았을까 싶지만, 하나님은 그렇게 하지 않으십니다. 하나님이 인간에게 주신 권리가 굉장합니다. 그래서 다 죽습니다. 인간이 죽게 될 일을 할 때까지 하나님은 왜 놔두실까요? 하나님은 인간에게 그 일의 결과를 보게 하십니다. 하나님은 아담이 범죄한 후에도 계속 아담을 찾아오십니다. 하나님은 아담을 에덴동산에서 내쫓았지만 그를 외면하신 것은 아닙니다. 아담의 자손들이 9백 년을 넘게 살다가 죽어 나간 후에도 계속 인간을 찾아오십니다. 에녹에게도 찾아오시고, 노아에게도 찾아오시고, 바벨탑을 짓는 현장에도 찾아오십니다. 하나님은 인류와 맺은 관계를 계속 유지해 가시는 것입니다.

죽음이란 무엇입니까? 하나님과의 관계가 끊어지는 것입

니다. 하나님과의 관계가 끊어지면, 그 존재와 가치가 소멸합니다. 포도나무 비유에서 존재와 가치가 소멸하는 것이 어떤 것인지 볼 수 있습니다. 예수님은 '나는 포도나무요 너희는 가지라. 가지가 포도나무에 붙어 있지 아니하면 스스로 열매를 맺을 수 없다'(요 15장) 이렇게 말씀하십니다. 죄란 생명에서 끊어지는 것을 말합니다. 에베소서 4장에서 이야기하듯이 우리는 모두 그분의 생명에서 떠나 있게 되었습니다(18절). 그를 거절한 대가로 단지 벌을 받는 정도에 그치는 것이 아닙니다. 가지가 나무에서 끊어지자 나무로부터 생명을 공급받지 못하고 버려져 마르게 되는 것과 같습니다. 우리는 죄를 단순히 도덕적인 문제로만 생각하기 쉬운데, 근본적 의미에서 보면, 죄는 하나님과 분리되는 것입니다.

죄의 값은 사망입니다. 사망은 존재와 가치가 소멸하는 것입니다. 예수님이 우리 죄를 사하기 위해 즉 우리를 구원하기 위해 오셨다는 것은, 가지가 나무에 붙어 있으면 열매가 풍성히 달리는 것과 같습니다. 나무에서 가지로 생명이 통하여 가지가 열매를 맺으며 풍성함과 충만함을 누리는 것입니다. "교회는 그의 몸이니 만물 안에서 만물을 충만케 하시는 이의 충만함이니라"(엡 1:23). 이 말씀은 하나님으로부터 보상을 받는 문제가 아니라, 우리라는 존재가 지닌 존재론적 차원을 말하는 것입니다.

우리는 삶의 여러 부분에서 '하나님, 일을 왜 이렇게 하세요?'라는 질문을 하게 됩니다. 어려운 일이 있을 때 더욱 그렇습니다. 그런데 이런 질문들이 우리가 하나님과의 관계에서 하나님을 어떻게, 어디까지 믿어야 하는지에 대해 가르쳐 줍니다. 하나님이 우리를 위해서 그 아들을 보내신 일의 의미를 가르쳐 줍니다. 이것은 하나님의 진심이나 지극함이나 처절함을 말하려는 것이 아닙니다. 하나님이 우리를 대접하시는 모습을 말하는 것입니다. 하나님은 우리를 자녀로 대하기 때문에 우리와의 관계를 끊을 수가 없습니다. 부모는 자기가 죽으면 죽었지, 자녀에게 죽으라고 하지 않습니다. 야곱과 만나는 장면에서도 하나님이 계속 하신 말씀은 이것입니다. '네 이름을 다시는 야곱이라 부를 것이 아니요 이스라엘이라 부를 것이니 이는 네가 하나님과 및 사람들과 겨루어 이겼음이니라'(창 32:28). 이것이 기독교입니다.

그러니 도덕을 지키고 자책감을 지우는 정도의 선행으로 얼버무리려고 해서는 안 됩니다. '교회'를 한자로 쓰면, '가르칠 교(敎)'와 '모일 회(會)'인데, 제 생각에 '교'는 '사귈 교(交)'로 써야 교회의 본질에 더 잘 맞을 것 같습니다. 교회는 관계 맺는 일이 풍성히 일어나는 곳이기 때문입니다. 그 풍성함을 누려야 합니다.


## 하나님의 안전장치


기독교 신앙에서 의외로 다루기 어려운 부분은 도덕이라고 생각합니다. 도덕을 말하면 규칙을 지켰다, 안 지켰다만 중요해 보이고, 하나님의 존재감은 약해집니다. 이슬람교가 그렇습니다. 코란을 지키는 것 때문에 신이 덜 중요해 보입니다. 신의 명령이라고들 하며 지키지만, 그럴수록 코란만 부각될 뿐입니다. 기독교처럼 신이 인생 속에 들어와 개입하고, 같이 일을 겪고, 같이 몸부림치는 종교는 없습니다. 이것이 성육신입니다.

그러니 목사도 사역할 때 성도들에게 이런 내용을 일일이 설명하기보다 먼저 자기 표정부터 관리해야 합니다. 상대방이 말을 못 알아듣는 것을 보고 확신과 열정으로 납득시키려고만 하면 안 됩니다. 그렇다고 모든 것을 사소하게 여기며 넘어가 주라는 말은 아닙니다. 분별과 지혜와 깊이가 있어야 하며, 사람들에게 충분한 기회를 주어야 한다는 것을 알아야 합니다.

자유에는 책임이 따릅니다. 자유를 가지면 책임이 따르니 무엇으로 핑계 댈 수 없는 자기 실력이 고스란히 드러납니다. 신앙생활에서 제일 가슴 아픈 것은 자책입니다. '내가 왜 그랬을까?' 그런 자책을 하루에도 여러 번 하게 됩니다. 전 인생에 걸친 이런 시행착오와 자책이 우리를 달라지게 합니다. 자신의 잘못을 고백한다는 핑계로, 그 고백을 듣는 상대방에게 자기의 책임을 떠넘기지 마십시오. 고백한 사람은 후련하겠지만, 그 고백을 듣는 이는 그 고민의 짐을 짊어지게 되기 때문입니다.

우리가 달라져야 합니다. 자유가 있다는 것은 선택권을 가진다는 것인데, 선택이란 굉장히 어려운 것입니다. 왼쪽이냐 오른쪽이냐를 선택하는 일만 있는 것이 아닙니다. 기다릴 것인가, 지금 치고 나갈 것인가 등 많은 문제를 고려해야 하는 선택도 있습니다. 선택을 잘하려면 분별력이 있어야 합니다. 분별 있게 선택하는 것을 '지혜'라고 합니다. 지혜는 오래 살아야 얻을 수 있습니다. 화를 내 봤자 아무 소용이 없다는 것을 오래 살아 보지 않고는 깨달을 수 없습니다. 깨닫고 나서부터는 화를 안 내게 됩니다. 나쁜 말을 해 봤자 상대가 항복하지 않는다는 것을 알아야 다음부터는 안 하게 됩니다. 처음에는 나쁜 말을 삼가는 것부터 시작해서 상대를 욕하고 싶어도 가만히 있는 연습을 해 보십시오. 그래야 그다음에는 한 단계 더 나아가 좋은 말을 할 수 있게 됩니다.

우리는 알기만 하면 다 할 수 있을 것같이 생각합니다. 고린도전서 13장을 보십시오. '사랑은 무엇이 아니다'라는 말로 사랑을 설명합니다. '사랑은 천사의 말을 하는 게 아니다. 산을 옮기는 능력이 아니다. 자기 몸을 불사르게 내주는 정열이 아니다'라고 합니다. 그런 다음 '사랑은 오래 참고'라는 말로 사랑을 정의합니다. 오래 참는 것은 무엇입니까? 속에 있는 대로 말하지 않는 것입니다. 예의를 지키는 것부터 시작하는 것입니다. 쉽지 않습니다. 회사에서, 교회에서, 가정에서 매일 만나는 사람들 앞에서 무례하게 굴지 않아야 합니다. 어렵습니다. 써 놓고 외우기만 하면 되는 것이 아니기 때문입니다. 실력이 늘어야 합니다. 더 나아가 좋은 말을 해 주는 자리까지 가야 합니다. 제 생각에는 일흔 살은 넘어야 그 일이 가능해질 것 같습니다. 그때까지는 잘한 것보다 못한 것이 더 많습니다. 그러나 그것들이 우리를 원숙하게 만들어 갈 것입니다.

성경은 이 일을 위해 하나님이 마련해 두신 안전장치를 이렇게 소개합니다. 이런 안전장치는 특히 로마서 8장에 연이어 등장합니다. '우리는 마땅히 기도할 바를 알지 못하나 오직 성령이 말할 수 없는 탄식으로 우리를 위하여 간구하시느니라'(롬 8:26)라는 말씀에서 보듯, 우리가 바르게 간구하지 못할 때에 성령께서 우리를 위해 기도해 주십니다. '하나님을 사랑하는 자 곧 그의 뜻대로 부르심을 입은 자들에게는 모든 것이 합력하여 선을 이루느니라'(롬 8:28)라는 말씀처럼 신자에게 있는 실패나 잘못도 하나님의 뜻 아래서 선을 이룹니다. '하나님이 우리를 위하시면 누가 우리를 대적하리요 자기 아들을 아끼지 아니하시고 우리 모든 사람을 위하여 내주신 이가 어찌 그 아들과 함께 모든 것을 우리에게 주시지 아니하겠느냐'(롬 8:31-32)라는 말씀과 '높음이나 깊음이나 다른 어떤 피조물이라도 우리를 우리 주 예수 안에 있는 하나님의 사랑에서 끊을 수 없으리라'(롬 8:39)라는 말씀은 우리와 하나님 사이를 끊을 수 있는 것은 아무것도 없다고 단언합니다. 이 일은 좌절될 수 없습니다. 그것이 믿음입니다.

자녀는 부모에게 아무리 혼나도 다시 부모를 찾아옵니다. 부모도 똑같습니다. 자식이 아무리 속을 썩여도 다시 자녀에게 갑니다. 혈육이기 때문입니다. 사랑과 믿음은 규칙이나 기준을 따르는 일로만 이루어질 수 없습니다. '예수를 믿는다'라는 말에서 믿음이란 각오와 결단 정도를 넘어서는 것입니다. 하나님이 우리를 사랑한다는 사실을 깨닫고 그 부름에 응할 때 잘 반응하는 것도 중요하지만, 하나님이 우리를 그런 존재로 불러 주셨다는 사실 자체를 아는 것이 더 중요합니다. 그것이 기독교 신앙입니다.

성 육 신

## 사람이 무엇이기에

이번 장에서는 성육신에 대해 이야기하려고 합니다. 기독교는 구약 식으로 이야기하면 '여호와 종교'인데, 신약에 와서는 왜 '그리스도교' 즉 '예수교'가 되었을까요? 예수야말로 하나님이 누구신가를 가장 잘 드러내는 설명이며, 예수는 이 일에 당신의 의지를 다했기 때문입니다. 기독교에서는 '신은 이런 존재다'라고 설명하고 끝내는 것이 아니라, 우리가 신의 목적에 순종하는 것이 영광임을 알려 주는데, 이 영광이 예수의 성육신으로 밝히 드러납니다.

그런데 성육신에 대해 너무 단순하게 이해한 나머지, 지옥에 갈 운명인 우리를 구하기 위해 신이 사망의 자리까지 들어와 우리를 이끌어 내어 천국에 가게 한 이야기로만 받아들이고 말면 안 됩니다. 그보다 훨씬 크게 '사람이 무엇이기에 신이 인간의 몸을 입고 오셨는가'라는 생각을 떠올려야 합니다.

앞 장에서는 신은 어떠해야 하는지, 어떤 의지와 목적을 가지고 있으며, 어떻게 자기를 설명하는지 등 신의 정체성에 대해 이야기했다면, 이번 장에서는 인간이라는 존재가 무엇이기에 신이 여기까지 들어오시는가, 하는 질문을 가지고 성육신에 대해 이야기하고자 합니다.

아버지께서 나를 세상에 보내신 것 같이 나도 그들을 세상
에 보내었고 또 그들을 위하여 내가 나를 거룩하게 하오니
이는 그들도 진리로 거룩함을 얻게 하려 함이니이다 내가
비옵는 것은 이 사람들만 위함이 아니요 또 그들의 말로 말
미암아 나를 믿는 사람들도 위함이니 아버지여, 아버지께
서 내 안에, 내가 아버지 안에 있는 것 같이 그들도 다 하나
가 되어 우리 안에 있게 하사 세상으로 아버지께서 나를 보
내신 것을 믿게 하옵소서 내게 주신 영광을 내가 그들에게
주었사오니 이는 우리가 하나가 된 것 같이 그들도 하나가
되게 하려 함이니이다 곧 내가 그들 안에 있고 아버지께서
내 안에 계시어 그들로 온전함을 이루어 하나가 되게 하려
함은 아버지께서 나를 보내신 것과 또 나를 사랑하심 같이
그들도 사랑하신 것을 세상으로 알게 하려 함이로소이다
(요 17 : 18 - 23)

예수님은 '아버지께서 내 안에, 내가 아버지 안에 있는 것
같이 그들도 다 하나가 되어 우리 안에 있게 하사 세상으로
아버지께서 나를 보내신 것을 믿게 하'기 위해 오셨다고 합

니다. 하나님이 자기 아들 예수를 우리에게 보내신 것은 우리를 예수와 묶어 하나님 안에 있는 예수와 함께 있게 하여, 우리 역시 하나님 안에 있게 하기 위함입니다. 기독교 신앙을 대표하는 단어는 '믿음'과 '사랑'이지 '초월'이 아닙니다. '초월'은 그리스 철학식 이분법에서 강조되는 단어입니다. 육체는 열등한 것이고, 영혼은 우월한 것이라는 생각에서 초월이라는 단어를 사용하고 높이 평가한 것입니다. 그러나 기독교는 믿음과 사랑을 강조하는 점에서 구별이나 초월이 아닌 관계를 중요시한다는 것을 알 수 있습니다.

하나님은 당신이 만드신 창조 세계로부터 영광을 받으시고, 그 창조 세계는 하나님을 찬송하는 풍성함과 충만함으로 채워져 있다고 말씀하십니다. 하나님은 그중에 특별히 인간을 하나님과 사랑과 믿음을 나누는 존재로 여기십니다. 사랑과 믿음은 대등한 인격끼리 만날 때 성립되는 것입니다. 창조주와 피조물은 존재론적으로 대등할 수 없습니다. 그런데 하나님은 우리와 맺는 관계에서는 인격적으로 대등하기를 원하십니다. 우리는 창조주와의 관계에서 대등하다는 전제를 받아들이기가 어렵습니다. 그래서 '하나님, 우리를 당신과 대등한 존재로 대우해 주지 마십시오. 우리는 그냥 당신 앞에서 빌 테니 우리가 달라는 거나 주십시오'라고 기도합니다. 여기서 우상이 등장합니다.

내가 바라는 것을 얻기 위하여 종교 행위를 하고 내 필요를 채워 달라고 구하는 것, 곧 나를 속이고 신을 속이는 것이 바로 우상 숭배입니다. 그렇다고 '그건 우상 숭배야' 이렇게 정죄하기만 할 문제가 아닙니다. 하나님이 우리에게 무엇을 요구하시는가에 대해 궁금증을 가지고 자신과 하나님의 관계를 생각해야 합니다.

이 관계에 대해 로마서 8장 15절은 이렇게 말씀합니다. "너희는 다시 무서워하는 종의 영을 받지 아니하고 양자의 영을 받았으므로 우리가 아빠 아버지라고 부르짖느니라." 종의 영과 양자(자녀)의 영은 다릅니다. 하나님은 당신과 우리의 관계가 주인과 종의 관계가 아니라 부모와 자녀의 관계라고 하십니다. 종은 주인을 두려워합니다. 종은 자기가 행한 대로 주인에게 보상받기 때문입니다. 자녀는 부모에게 행한 대로 보상받지 않습니다. 더 많은 것을 받습니다. 예수의 십자가 사건을 통해 보듯 부모는 자녀를 위하여 죽을 수 있습니다. 이것이 기독교입니다.

이것은 종을 부리는 일보다 자녀를 기르는 일이 훨씬 더 어렵고 고달픈 일임을 의미합니다. 집 나간 탕자가 돌아와서 '저는 이제 아들 대접을 받을 수 없습니다. 저를 그냥 종으로 여겨 주십시오'라고 했지만, 아버지는 '그게 무슨 소리냐!'라며 아들의 청을 거부합니다. 창조주이신 하나님이 우리를 향한 당신의 의지를 꺾지 않으신다는 사실을 알아야 하나님이 우리를 키우시기 위해 어디로 보내시는지, 우리에게 어떤 과제와 현실을 요구하시는지를 이해할 수 있습니다. 우리는 이 부분이 어렵습니다. 하나님이 너무하신 것 아니냐고, 그냥 쉽게 믿고 싶다고 투정합니다. 하지만 실제 그 길을 경험하고 따라가야 신자의 명예를 이해하게 됩니다.

성육신의 관점에서 보면 인간이라는 존재의 정체성과 지위는 특별한 것입니다. 하나님이 우리를 아버지와 아들의 관계로 부르신 것이니 굉장합니다. 우리가 달라고 요구하는 그 어떤 것보다 우리의 존재와 신분이 더 큽니다. 이것은 중요한 내용이며, 기독교가 왜 놀라운 종교인지에 대한 답이 됩니다.

기독교의 놀라움이 무엇인지 제대로 이해하려면 먼저 자신의 운명과 신분을 바르게 이해해야 합니다. 그러지 않으면 하나님을 두려움으로 섬기게 됩니다. 소원이 있을 때는 하나님 앞에 무릎 꿇고 빌어야 한다는 공포 속에서 하나님을 섬기게 됩니다. 그 앞에서 빌고 떨어야 하나님이 만족하시고 우리는 떡 하나라도 얻을 수 있다고 생각하는데, 하나님은 그런 분이 아닙니다.

요한일서에 있는 말씀을 생각해 봅시다. "사랑 안에 두려움이 없고 온전한 사랑이 두려움을 내쫓나니 두려움에는 형벌이 있음이라 두려워하는 자는 사랑 안에서 온전히 이루지 못하였느니라"(요일 4:18). 하나님과 우리의 관계는 공포가 아닌 사랑의 관계입니다. 그런데 이런 말을 들으면 우리는 제일 먼저 '그럼 아무렇게나 살아도 돼요?'라는 질문을 합니다. 한심한 생각입니다. 우리의 명예가 무엇인지 모르는 것입니다. 우리는 신에게 빌고 나서 보상을 받는 것이 속 편합니다. 신과 사랑을 나누거나 신 앞에서 자유와 선택권을 가지는 것은 왠지 겁이 납니다.

요한복음에서 예수님은 '아버지께서 나를 보내신 것과 또 나를 사랑하심 같이 그들도 사랑하'(요 17:23)셨다고 말씀하십니다. 굉장합니다. 하나님은 당신의 아들을 우리에게 보내셨습니다. 그리고 우리가 당신의 또 다른 아들인 것처럼 우리를 사랑하십니다. 하나님이 인류의 신분과 정체성과 지위를 그렇게 정하셨습니다. 하나님이 그 아들을 보내시고, 그 아들이 우리를 한데 묶어 아버지 안에서 함께하기 위해 오셨습니다. 이런 예수를 믿는 것이 기독교입니다.

예수를 믿는다는 것은, 죽어서 천국에 간다는 말 한마디로

요약되기에는 너무 부족합니다. 예수를 믿는다는 것은 하나님과 하나가 되는 것입니다. 여기서 '하나'라는 개념이 어려운데, 이 개념에 대한 이해를 돕기 위해 부부로 예를 들어 보겠습니다. '부부는 하나'라는 말이 있습니다. 둘이 하나가 된다는 것은 둘이 똑같아진다는 의미가 아니라, 서로 신뢰 관계로 묶여 화음을 내듯이 관계가 풍성해진다는 것입니다. 성경에 '충만'이라는 단어가 많이 나오는 이유가 여기에 있습니다. "교회는 그의 몸이니 만물 안에서 만물을 충만하게 하시는 이의 충만이니라"(엡 1:23). 하나님의 사랑은 대상 없이 홀로 만족하는 영광이 아니라, 대상을 향하고, 대상과 함께함으로써 그 영광이 더 충만하고 무궁해지는 것입니다. 하나님이 우리를 이 충만한 자리에 불러들이셔서, 우리가 하나님의 사랑과 영광의 대상이 되며 그 명예를 누리는 자격을 얻는 것이 기독교입니다.

여기서 말하는 '하나 됨'은 요한복음에 있는 바와 같이 '아버지께서 나를 세상에 보내신 것 같이 나도 그들을 세상에 보'낸다는(요 17:18) 의미입니다. 이는 비단 선교적인 사명만을 가리키는 것이 아닙니다. 아버지가 목적하신 것을 이루기 위하여 우리에게 아들을 보내서서 우리를 자녀로 대접하시며 아버지와 아들의 하나 됨 속에 우리를 불러들이신 것과 같이, 예수께서도 승천하시면서 제자들에게 그 역할을 맡기셨다는 것입니다. 명예로운 직분으로 교회에 이 임무를 맡기신 것입니다.

하나님이 당신의 영광으로 충만함을 만드시는 데에 그 아들을 보내어 우리를 아들과 아버지 사이의 교제 속에 함께하게 하셔서 초대 교회를 세우신 것같이, 다가오는 시대마다 교회와 제자들이 죄와 사망의 권세 속에서 태어나 하나님을 모르는 인류 가운데 또 함께 묶이고, 그로 인하여 창조와 부활이 무엇인지 전파되고 열매 맺히게 하겠다는 예수의 사역에 우리가 부름받고 있는 것입니다. 그래서 이 일은 명예롭습니다. 이것은 임무 정도가 아니라 우리의 존재가 가지는 정체성을 보여 줍니다.

예수를 믿는다는 것은 예수를 만나 자기가 어떤 존재인지를 알고 현실을 사는 것이 왜 중요한지를 알게 되는 것인데, 그것은 하나님이 아들을 보내어 그 아들을 우리와 묶어 내듯 예수가 하신 일을 우리에게 계속하게 하여 우리로 더 많은 인류를 불러낼 뿐만 아니라 예수가 하신 일을 받아서 계승하는 지위와 역할 또한 우리에게 맡기셨다는 면에서 우리를 놀라게 합니다.

하나님은 당신의 기쁨과 장엄함을 우리와 나누시고, 우리가 하나님의 일에 동역하는 것으로 무한한 영광을 받으십니다. 빌립보서 말씀에서 보듯 예수 그리스도의 죽으심으로 하나님은 영광을 받으십니다. 그가 십자가에 죽으심으로 하늘과 땅에 있는 자들과 땅 아래에 있는 자들로 모두 예수의 이름 앞에 무릎을 꿇게 하십니다(빌 2:10). 이것이 하나님의 영광입니다.

하나님이 우리를 위하여 자기 아들을 죽음의 자리까지 보내셔서, 우리의 정체성과 존재 가치와 진정한 영광이 무엇인지 우리에게 제대로 알게 하십니다. 또한 하나님이 선포하신 영광은 차별 없이 함께하는 것이라고 끊임없이 이야기하십니다. 그런데 우리는 그저 보상을 받기 위해 두려움과 간절함으로 하나님을 섬길 뿐, 일상 속에서 이런 내용이 어떻게 실현되며 우리를 만들어 가는지에는 관심이 없습니다. 그래서 우리가 어떻게 임마누엘로 서는지, 성육신과 십자가에 동참하는 과정이 우리에게 어떻게 일어나는지, 우리가 여기에 어떻게 참여하게 되는지에 대한 이해와 또 그로 인한 기쁨이 턱없이 부족합니다.

## 신자의 정체성

신자의 자리를 잘 보여 주는 말씀이 있습니다. 마태복음 28
장 18절 이하를 보면, 예수님은 '하늘과 땅의 모든 권세를
내게 주셨으니 그러므로 너희는 가서 모든 민족을 제자로
삼아'(마 28:18-19)라고 말씀합니다. 이 말씀을 따라 선교사
가 된 이들이 많았는데, 제가 자라던 시절에는 특히 중동이
나 공산권 국가에 가겠다고 하는 사람들이 많았습니다. 그
들은 위임과 사명을 받아 구석구석으로 보냄을 받았습니다.
이처럼 하나님을 믿고 나면, 우리가 만나는 모든 사람 앞에
우리 자신이 임마누엘로 서는 것입니다.

우리는 요한복음 3장 16절, '하나님이 세상을 이처럼 사
랑하사 독생자를 주셨으니 이는 그를 믿는 자마다 멸망하지
않고 영생을 얻게 하려 하심이라'라는 말씀을, 믿는 자와 믿
지 않는 자를 구분할 때 사용합니다. 그런데 하나님이 세상
을 사랑하신다면, 그 대상이 믿거나 안 믿거나는 중요하지
않습니다. 이 말씀은 창조 세계 전체를 향한 창조주의 의지
를 드러내고 있기 때문입니다. 창조주의 긍휼과 사랑과 놀
라움이 들어 있는 말씀입니다.

이 대목을 오해하지 말라고 17절 말씀이 이어 나옵니다.

'그 아들을 세상에 보내신 것은 세상을 심판하려 하심이 아니요 그로 말미암아 세상이 구원을 받게 하려 하심이라'(요 3:17). 그런데 우리는 타인의 잘못을 지적하는 것으로 자신의 신앙을 확인하려 듭니다. '저 사람은 왜 저 모양인가?', '저 사람은 크리스천답지 않다', '당신은 왜 성모 마리아를 숭배하는가'라는 식으로밖에는 자신의 정체성을 확인하지 못하는 것입니다.

하나님은 당신의 아들을 보내시고, 그 아들을 십자가에 매달아 죽이심으로 영광을 받으십니다. 죄와 사망이 왕 노릇 하는 세상에서 사는 사람들, 폭력을 써야만 자신을 지킬 수 있다고 여기는 사람들, 남의 것을 빼앗아 와야만 자기의 필요를 채울 수 있다고 생각하는 사람들 속에서 우리는 이웃의 것을 빼앗아 나의 필요를 채우지 않아도 된다는 것을 아는 자들, 우리의 필요는 하나님만이 채우신다는 사실을 아는 자들입니다. 죄와 사망이 우리를 공포로 몰아붙이는, 외면할 수 없는 현실에 대하여 우리는 두려움을 가질 필요가 없습니다.

믿지 않는 사람들에게는 이 두려움이 체념이 됩니다. 한 번 살다 가는 게 인생이고, 나만 그런 게 아니라 모두 다 그러고 사니까 체념한 채 묻어 두고 삽니다. 그래서 누가 툭 건드리면 불같이 화를 내는 것입니다. 겨우 참고 살고 있는데, 왜 잠자는 사자의 코털을 건드리냐고 으르렁거립니다. 우리는 달라야 합니다. 예수를 믿는 존재로서 현실의 공포와 보상을 어떻게 받아들여야 하는지, 인간성으로 증명해야 합니다.

인간이 가져야 할 성품 중 제일 중요한 것은 온유함이라고 생각합니다. 남을 심판하는 것으로 자신을 증명하려 들지 말고, 예의를 지키고, 아량을 베풀고, 온화하게 대하고, 용서하고, 기다려 줘야 합니다. 이런 것들은 윤리에 그치고 마는 것이 아닙니다. 행동 지침이 아니라 우리의 정체성이 지니는 덕목입니다. 로마서에 나온 표현대로 이야기하면, 우리를 박해하는 자를 저주하지 말고 오히려 축복하라고 합니다(롬 12:14). 축복까지 하는 것은 좀 너무한 것 같다는 생각이 듭니까? 그런데 왜 축복하라고 하는지 이제는 알아야 합니다. 영화 〈벤허〉에서 악역을 맡은 메살라가 죽으면 안 되는 이유와 같습니다. 벤허가 돌아올 때까지 메살라는 살아 있어야 합니다. 그 전에 죽으면 영화가 재미없어집니다. 그래서 각자의 역할을 하라는 것입니다.

'악에게 지지 말고 선으로 악을 이기라'(롬 12:21). 선을 행함으로써 악인을 감동시키라는 것이 아니라, 악인이 악역을 하듯이 너희는 너희의 역할을 하라는 말씀입니다. 그러니

'우리는 정말 열심히 살고 있으니 나쁘게 구는 못난 것들을 하나님이 저주해 주십시오'와 같은 기도는 하면 안 됩니다. 죄와 사망이 전부인 자들이 가지는 공포와 분노가 가득한 현실 속에서 우리는 감수하고 버텨 내야 합니다. 우리가 주인공으로 하나의 큰 드라마 속에 있는 것입니다. 우리가 있는 곳에서 우리는 임마누엘로 서 있기 때문입니다.

임마누엘은 '하나님이 우리와 함께 계시다'라는 말입니다. 안 믿는 자들까지 포함된 우리입니다. 구원론에 대해 이야기하려는 것이 아니라, 하나님이 무엇을 어떻게 하려고 하시는지, 하나님이 하시는 일에 우리가 어떻게 동역자가 되는지, 존재론적 이해와 현실적 책임과 역할에 대해 이해해야 한다는 말을 하는 것입니다.

이처럼 기독교는 특별합니다. 심오하고 놀랍습니다. 하나님은 당신의 계획을 절대 포기하지 않으십니다. 십자가가 그것을 증언합니다. 그러니 난관에 부딪치거나 후회나 절망에 빠져도 우리에게는 희망이 있습니다. 그것이 기독교에서 말하는 믿음입니다. 믿음이란 하나님이 누구신지 알고, 내가 누구인지 알며, 현실이 무엇인지 아는 것이라고 할 수 있습니다. 세상을 보며 '다 망해야 해'라고 저주할 필요가 없습니다. 기독교 역사를 돌아보면 교회는 말이 안 되는 시대를 다 지나왔고, 그 속에서 교회의 역할을 해 왔습니다. 교회는 권력으로 존재하는 곳이 아닙니다. 권력으로 누구를 항복시키지 않고, 진리와 생명으로만 자기 역할을 해야 하는 곳입니다.

이처럼 하나님이 우리를 세상에 보내셨다는 것이 우리의 현실이라면, 우리에게는 신앙 훈련을 받고 훈련대로 실천해야 하는 일들이 매일 있습니다. 가족, 이웃, 교우, 동료, 매일 보는 사람들에게 해야 하는 일입니다. 처음에는 자기 본성대로 성질을 부립니다. 가장 많이 보이는 반응은 '건들지 마. 날 우습게 보지 마' 하며 발톱을 세우는 것입니다. 그러다가 누가 할퀴면 나도 할퀴고 마는데, 막상 그렇게 해 보니 결국 손해라는 것을 배우게 됩니다. 믿음으로 각오한다고 그런 일들이 전부 없어지는 것은 아닙니다. 상대방이 항복하고 변해야 한다고 생각해서도 안 됩니다. 상대방이 절대 바뀌지 않는다는 전제에서 나는 내 몫을 해야 하는 것입니다. 그러니까 자기의 한계와 역할을 유념해야 합니다. 한계란 내가 모두를 조종할 수 없고, 타인을 항복시킬 수 없다는 것입니다. 그렇다고 대강 살면 안 됩니다.

그래서 〈벤허〉에서도 주인공은 끝까지 살아 있어야 했던 것입니다. 벤허는 노예선에 끌려갑니다. 전투를 앞두고 집정관이 와서 노예들의 상태를 확인하는데 벤허만 그를 당당히 쳐다봅니다. 그가 벤허에게 몇 가지 질문을 하자 벤허는 떳떳이 대답합니다. 그러자 집정관이 벤허의 등을 채찍으로 때리고 그의 눈빛을 보더니 '그 증오심이 네 삶의 원동력이고, 너에게 힘을 실어 줄 거야'라고 합니다. 인생에는 참을 수밖에 없는 과정이 있다는 것을 납득해야 합니다. 자기가 해 온 일에 대해 돌아보지만, 그때는 그렇게 할 수밖에 없었습니다. 나중에 '그건 멋있지 않더라', '그건 좋은 내용이 아니더라'를 스스로 깨달으며 커 가는 것입니다.

제대로 믿으면 아무런 부끄러움 없이 완벽한 믿음의 자리에 갈 것이고 그것이 상대방에게도 전해질 것이라고 생각하면서 여러 과정을 무시하는 바람에, '오늘 죽어도 천국에 갈 것을 믿는가'와 같은 현실에서는 설명되지 않는 신앙 고백만 주고받게 된 것입니다. 오늘을 잘 살고 있는지, 어제보다 나은 모습으로 살아가고 있는지를 돌아보아야 하는데 말입니다.

영화 〈우아한 세계〉를 보았습니까? 주연을 맡은 송강호 씨가 조폭으로 등장하는 영화입니다. 주인공의 가족들은 그가 하는 일이 못마땅해서 조폭 일을 그만두라고 합니다. 하지만 그럴 수가 없는 일들이 생겨 결국 가족들은 해외로 떠나고 그는 기러기 아빠가 됩니다. 그래서 혼자 밥상을 차려 라면을 먹으면서 가족이 보내온 비디오를 틀어 놓고 보는데, 아내와 딸이 세차하면서 고무호스로 물을 뿌리며 깔깔거리고 재미있게 노는 장면에서 넋이 빠집니다. 가정생활도 제대로 못하고, 딸의 웃음소리 하나 못 듣고, 조폭이니 폭력 속에 살아야 하는 현실에 그만 너무 화가 나서 먹던 라면 그릇을 내던집니다. 그다음에는 어떻게 됩니까? 자기가 치우는 수밖에 없습니다. 그래서 다음부터는 베개 정도만 던지고 맙니다. 그렇게 하나씩 고치면서 나아가는 것입니다.

한국 교회에서는 하나님이 우리의 현실을 어떻게 사용하시는지에 대한 설명이 부족해서, 대개 기도하고 착한 일을 하는 것만이 전부라고 생각합니다. 그러는 바람에 현실 문제에서 한발 물러나게 되고, 믿는 사람과 안 믿는 사람을 구별하여 믿는 사람끼리만 신앙생활을 하고, 안 믿는 사람에게는 선을 긋는 식으로 살게 됩니다. 교회의 영향력이 하나도 없게 된 것입니다. 매일 만나는 현실적 도전 앞에서 우리가 책임을 가지고 조금씩 더 나은 반응을 해야 한다는 것을 기억하고 나아가야 하는데 그러지 못합니다. 세상이 취하는 방법은 결국 같이 죽자는 것 외에는 아무것도 아니라는 것을 알아야 하는데, 오히려 신자들이 그것을 모릅니다. 신자

조차 자폭하기를 반복하니까 늘 맴도는 것 같은 신앙생활을 합니다.

## 영광의 찬송이 되는 우리

앞 장에서는 에베소서 1장 3절부터 6절까지의 말씀을 통해 우리가 믿는 하나님, 즉 기독교의 신이 자신에 대해 어떻게 설명하시는지를 살펴보았습니다. 그 말씀에서 하나님은 '나는 너희를 내 자녀로 거룩하고 흠이 없게 만들어 내 영광의 찬송이 되게 하겠다'라는 의지를 표명하십니다. 그 뒤에 나오는 7절 이하를 보겠습니다.

> 우리는 그리스도 안에서 그의 은혜의 풍성함을 따라 그의 피로 말미암아 속량 곧 죄 사함을 받았느니라 이는 그가 모든 지혜와 총명을 우리에게 넘치게 하사 그 뜻의 비밀을 우리에게 알리신 것이요 그의 기뻐하심을 따라 그리스도 안에서 때가 찬 경륜을 위하여 예정하신 것이니 하늘에 있는 것이나 땅에 있는 것이 다 그리스도 안에서 통일되게 하려 하심이라 모든 일을 그의 뜻의 결정대로 일하시는 이의 계

획을 따라 우리가 예정을 입어 그 안에서 기업이 되었으니 이는 우리가 그리스도 안에서 전부터 바라던 그의 영광의 찬송이 되게 하려 하심이라 그 안에서 너희도 진리의 말씀 곧 너희의 구원의 복음을 듣고 그 안에서 또한 믿어 약속의 성령으로 인치심을 받았으니 이는 우리 기업의 보증이 되사 그 얻으신 것을 속량하시고 그의 영광을 찬송하게 하려 하심이라 (엡 1:7-14)

여기서 주목해야 할 단어는 '영광'과 '풍성함'입니다. 하나님이 우리에게 만들려고 하시는 것은 신적 영광과 풍성함입니다. 말씀에서 영광의 끝없음을 이야기하는데, 하나님의 의지가 계속 등장합니다. 7절을 보면, '우리는 그리스도 안에서 그의 은혜의 풍성함을 따라 그의 피로 말미암아 속량 곧 죄 사함을 받았'다고 나와 있습니다. 이 구절은 예수의 피로 우리 죄를 씻어 냈다는 간단한 내용이 아니라, 하나님이 진정으로 우리의 죄 사함을 목적하시고 그 일을 시행하시려는 의지가 어디까지인가에 관한 이야기입니다. 그래서 '그 뜻의 비밀', '그의 기뻐하심을 따른 예정'이라는 말이 나오는 것입니다.

하나님은 당신이 목적하신 바를 위해서 일하고 계신다, 그 일은 어마어마한 일로 하늘에 있는 것이나 땅에 있는 것이 다 그리스도 안에서 통일되게 하려 하는 것이다, 그리스도는 기꺼이 하나님의 영광을 위하여 우리가 행한 폭력을 감수하신다, 하나님은 우리를 폭력이나 공포로 다스리는 것이 아니라, 인내, 자비, 말할 수 없는 사랑의 넓이와 깊이로 다스려 우리의 항복을 받아 내신다고 성경은 계속 이야기합니다. 그럼에도 하나님은 신자들에게 '무서운 신'이 되었고, 하나님이 피 흘리기까지 해서 우리를 구원하셨다는데 우리는 인생이 왜 이런지, 답이 안 나온다고 하면서 길을 잘못 찾고 있습니다.

우리는 기독교에 대해 제대로 이해하지 못해서 생긴 문제를 규칙, 진심, 능력으로 해결하고 만족하려 합니다. '생각하지 않고 살게 해 주십시오. 고민하지 않고 살게 해 주십시오. 평안과 형통을 주십시오'라고 비는 식입니다. 학교는 갔는데 책가방은 안 열어 보는 그런 학생처럼 되고 말았습니다.

앞 장에서 기독교 신앙에는 네 단계가 있다고 했습니다. 출생, 자라남, 사춘기, 그리고 성숙기입니다. 태어나서 자라나 사춘기를 지나면 자신의 주권을 확보하는 날이 옵니다. '누가 하라는 대로만 하면 내가 사람이야? 기계지. 단추만 누르면 된다는 거야? 난 기계가 아니라고.' 이렇게 생각하는 것이 인간이라는 존재의 주권입니다. 하나님이 우리에게 요구하시는 사랑과 믿음은 자발성이 전제된 것입니다. 이 자발성은 서로가 인격적으로 대등해야 발휘됩니다. 그래서 자발성을 가진 인간에게 부정, 거부, 반발, 의심 같은 마음이 생기는 것입니다. 신앙생활이란 신앙을 한번 가지면 그것으로 모든 답이 주어지는 특권을 누리는 것이 아니라, 신앙을 가져서 출생한 후에 자라나야 하는 것입니다.

한국 교회에서는, 신자들이 반발하고 거부하면 믿음이 없다고 여깁니다. '하나님은 아담이 먹으면 안 되는 선악과를 왜 만드셨을까요? 그건 하나님 책임이잖아요?' 이런 질문은 하면 안 되는 분위기입니다. 그런데 이런 질문이 나와야 합니다. '하나님은 왜 선악과를 만드셨을까?'

하나님은 인간에게 자유라는 하나님의 형상을 주셨습니다. 선택권을 주신 것입니다. 하나님은 이것을 먹으면 죽을 거라는 경고를 했음에도, 하나님이 전부인데도, 인간이 그 명령을 거슬러 불순종하는 것을 허락하십니다. 굉장합니다. 그래서 인간은 죽습니다. 죽는다는 것은 소멸되고 마는 정도가 아니라 가치가 없어지는 것입니다. 존재의 가치가 없어지는 것인데, 하나님이 인류에게 그 일을 겪게 하십니다. 그런 다음 아브라함이 등장하고 하나님이 그에게 이런 약속을 주십니다. '내가 너로 큰 민족을 이루고 네게 복을 주어 네 이름을 창대하게 하리니 너는 복이 될지라 너를 축복하는 자에게는 내가 복을 내리고 너를 저주하는 자에게는 내가 저주하리니 땅의 모든 족속이 너로 말미암아 복을 얻을 것이라'(창 12:2-3).

아담이 있었고, 하나님의 저주가 있었고, 인류는 죽게 될 운명이었는데, 거기서 아무런 예고도 없이 하나님이 갑자기 '내가 네게 복을 주어'라고 말씀하십니다. 하나님은 당신을 거부하고 반대하고 죄지은 과거를 가진 인류에게 찾아오시고, 그런 과거로도 우리를 만들어 가십니다. 하나님의 이런 성실과 지혜와 권능에 대해 우리는 항복할 수밖에 없습니다.

성령이 아니고는 우리가 예수를 주로 시인할 수 없으니(고전 12:3) 먼저 우리에게 성령을 주시고 성령이 우리 안에 있음을 예수를 통해 알게 하십니다. 이렇게 먼저 우리에게 성령을 주시고 우리를 기르십니다. 한국 교회에서는 '기른다'는 개념에 대한 이해가 부족하기 때문에 설교자도 성경에서 자라나는 과정이 있음을 해석해 내지 못하고, 자신의 신앙에 대해서도 늘 비관적으로 생각하여 외면해 버리거나 사유하기 귀찮아하는 매너리즘에 빠져 있습니다.

앞서 소개한 에베소서 말씀을 계속 이어서 보면, 하나님의 목적과 의지와 일하심이, 큰 우주적 스케일로 소개되어 있음을 알 수 있습니다. 성경에 쓰인 단어들을 타성에 젖은 채로 해석하지 말고, 하나님이 의지를 가지고 일하신다는 전제 하에서 읽으면 더 잘 이해할 수 있을 것입니다.

> 이러므로 내가 하늘과 땅에 있는 각 족속에게 이름을 주신 아버지 앞에 무릎을 꿇고 비노니 그의 영광의 풍성함을 따라 그의 성령으로 말미암아 너희 속사람을 능력으로 강건하게 하시오며 믿음으로 말미암아 그리스도께서 너희 마음에 계시게 하시옵고 너희가 사랑 가운데서 뿌리가 박히고 터가 굳어져서 능히 모든 성도와 함께 지식에 넘치는 그리스도의 사랑을 알고 그 너비와 길이와 높이와 깊이가 어떠함을 깨달아 하나님의 모든 충만하신 것으로 너희에게 충만하게 하시기를 구하노라 우리 가운데서 역사하시는 능력대로 우리가 구하거나 생각하는 모든 것에 더 넘치도록 능히 하실 이에게 교회 안에서와 그리스도 예수 안에서 영광이 대대로 영원무궁하기를 원하노라 아멘 **(엡 3:14-21)**

하나님의 목적과 의지를 안다면 그에 맞는 작품으로 자라가며 그에 어울리는 반응을 하라고 말씀합니다. 이쯤에서 인류의 역사를 다시 생각해 봅시다. 하나님은 천지를 지으시고, 아담과 하와를 만드시고, '생육하고 번성하여 땅에 충만하라'라는 큰 약속 속에 선악과를 먹지 말라는 엄명을 내리시지만, 인간은 이것을 어기고 선악과를 먹습니다. 인간은 하나님이 주신 선택권으로 하나님과 연결된 관계를 끊고 독립된 자리로 나가는 죄를 범하지만, 하나님은 놔두십니다. 이 부분이 굉장합니다.

하나님이 인간에게 허락하신 선택권이 보여 주는 것은, 하나님은 당신의 능력과 영광으로 우리를 조작할 마음이 없다는 것입니다. 하나님은 당신이 얼마나 굉장한 분이신가를 보여 우리를 무릎 꿇리려는 것이 아닙니다. 하나님은 우리에게 사랑과 믿음의 상대가 되어 주길 원하십니다. 사랑과 믿음을 나누는 관계가 되려면 서로가 대등하며 각자 선택권을 가져야 합니다.

서로가 대등하지 않고 우열에 따른 차이가 있는 관계에서는 사랑과 믿음이 성립하지 않고, 강요와 굴복만 있을 뿐입니다. 하나님이 인간을 사랑과 믿음으로 대하신다는 것이 사실 우리로서는 불편합니다. 앞 장에서도 이야기한 바와 같이 우리가 원하는 것은 깊이 생각하지 않고 사는 것입니다. 죽은 다음의 일은 아무도 모르니까 그냥 잘 살다가 빨리 죽자는 것입니다. 그래서 무슨 일만 있으면 '죽어 버릴 거야'라고 하는데, 이것은 굉장히 무책임한 말입니다. 사람이 살아간다는 것은 어려움을 견디고 버티는 정도에 그치는 것이 아니라 무엇인가 만들어지는 과정인데, 그 과정이 싫다는 것이기 때문입니다. 이 과정이 생명과 진리와 영광으로 가는 길임을 모르면, 살면서 어려움을 겪을 때마다 그저 자폭하는 수밖에 없습니다. 자기 인생에 대해 '하나님, 이만하면 됐어요. 저 딴짓 안 할 테니까 그냥 이렇게 살게 내버려두세요' 하는 마음을 갖게 됩니다. 그러고는 본인의 성장과는 아무 상관없는 소원들을 나열하는 기도를 하고 삽니다.

사실 우리가 해야 할 기도는 비명일 수 있습니다. 우리의 기도에는 한숨과 비명이 많아야 합니다. 힘든 일을 할 때는 호흡이 가빠집니다. 노래를 부를 때조차 호흡 조절이 매우 중요한데, 우리는 힘든 것을 다 거부하고 '생각하지 않고 살게 해 주십시오'라는 소원으로 신앙생활을 합니다. 그러니 '빨리 천국에 가고 싶다'라는 식의 기막힌 말을 하는 것입니다. 빨리 천국에 가고 싶다는 말은 자살하고 싶다는 말과 비등한 자폭입니다. 살아 있다는 것이 무엇을 만들고, 어떤 영광의 자리로 우리를 부르고 있는지를 이해해야 합니다. 이에 대한 이해와 노력이 한국 교회에 필요합니다.

탕자의 비유에서 가장 놀라운 점은 작은아들이 집을 나가려고 자기 몫의 재산을 달라고 하는데 아버지가 허락해 준다는 점입니다. 아들의 가출을 허락한 아버지는 아들이 돌아오기를 매일 기다립니다. 가서 아들을 잡아 오는 것이 아니라 아들이 제 발로 돌아오기를 하염없이 기다립니다. 집을 나간 아들은 미리 받은 재산을 다 써 버려 더 이상 삶을 영위할 수 없게 되자 집에 돌아옵니다. 떠났더니 답도 없고, 의미도 없고, 성과도 없어서 집으로 돌아온 것입니다.

아버지에게 돌아간 때는, 자신은 이제 굶어 죽게 되었는데 아버지 집에는 모든 것이 부요했고 품꾼들도 품삯을 넉넉히 받았다는 것을 떠올리고 나서입니다. 이 대목은 경제나 의식주 문제를 말하는 것이 아니라 가치를 말하는 것입니다. 아버지를 떠났더니 인생에 아무런 가치가 없더라는 것입니다. 아버지의 집에 있던, 책임을 지고 상호 신뢰를 나누던 관계의 따뜻함 같은 것이 그를 집으로 불러들인 것입니다. 아버지가 탕자를 맞이했을 때 아들의 요청은 '저는 아버지를 뵐 낯이 없습니다. 그러니 저를 품꾼의 하나로 보십시오'였습니다. 아버지는 그게 무슨 소리냐고 하면서 돌아온 아들에게 가락지를 끼우고 옷을 갈아입히고 새 신을 신깁니다.

그의 신분과 지위는 예전과 조금도 다를 바 없습니다. 그러면 이렇게 돌아온 일이 무엇을 만들까요? 아들은 비로소 아버지의 가치를 알게 됩니다. 아버지의 자녀란 어떤 존재인지, 아버지가 없는 세상에서는 자신이 어떤 존재가 되는지를 확인하게 됩니다.

탕자의 비유 속 작은아들이 겪은 일은 구약 성경 속 야곱이 겪은 처절한 일과 비슷합니다. 탕자가 자기 몫의 재산을 미리 달라고 한 것같이, 야곱은 아버지를 속여 형이 가진 장자의 권리까지 빼앗았는데도 실제로는 그것을 전혀 누릴 수 없었습니다. 그는 목숨을 부지하기 위해서 외삼촌의 집으로 도망가 거기서 힘을 다해 재산을 축적합니다. 그런데 외삼촌의 가족들로부터 질시와 미움을 받아 그곳을 떠나야 했고, 고향으로 돌아가는 도중 얍복나루에서 하나님의 사자를 만나게 됩니다. 어쩔 줄 몰라 하는 야곱에게 하나님의 사자가 다가와 씨름을 걸고, 그 씨름 끝에 사자가 그의 허벅지 관절을 칩니다. '나는 너와 더 이상 할 말이 없다' 하고 하나님의 사자가 가려고 하는데 야곱이 사자를 붙잡습니다.

호세아서에 따르면, 야곱은 '천사와 겨루어 이기고 울며 그에게 간구하였'(호 12:4)다고 되어 있습니다. 이 구절은 야곱의 얍복나루 이야기를 이해하는 데에 힌트가 되기도 하고, 그렇지 않기도 합니다. 야곱의 일생에 비추어 보면, 이 이야기는 '밤새 씨름을 했는데, 개런티도 안 주고 그냥 간다고? 하다못해 복이라도 빌어 주고 가시오'라는 야곱의 생각으로 읽히기도 하기 때문입니다. 야곱은 그 상황에서도 뭔가를 뜯어내려고 합니다. 하나님의 사자가 '네 이름이 무엇이냐?'라고 묻자, '야곱입니다'라고 대답합니다. '야곱'이라는 이름은 '발뒤꿈치를 붙잡다' 즉 '약탈자'라는 의미를 지니고 있습니다. 약탈자는 '자기의 필요를 이웃에게서 뺏어 와야 하는 자'라는 뜻입니다. 뺏어 와야 비로소 자신의 필요를 채울 수 있다는 것입니다.

그러자 하나님이 '다시는 네 이름을 야곱이라고 하지 마라. 너는 이스라엘이다'라고 하십니다. 이스라엘이라는 이름은 '하나님과 싸워서 이긴 자'라는 뜻입니다. 즉 야곱은 하나님의 자녀라는 것입니다. '자식 이기는 부모 없다'라는 말이 갖는 의미와 같습니다. 야곱이 했던 '나는 야곱입니다. 나는 약탈을 해야 살 수 있는 자입니다'라는 말은 '나는 보호자가 없습니다. 나는 고아입니다. 나는 내 필요를 스스로 채울 수 없기 때문에 이웃에게서 뺏어 와야 삽니다'라는 말과 마찬가지입니다. 하나님은 이렇게 대답하십니다. '그딴 소리 하지 마라. 너는 고아가 아니다. 내가 있다. 내가 네 부모다. 앞으로 다시는 네 이름을 야곱이라고 하지 마라. 너는 이스라엘이다.' 이 얍복나루 사건은, 야곱의 바뀐 이름이 한 나라의 이름이 되는 것을 보여 주는 중요한 사건입니다.

이 내용은 십계명에서도 강조됩니다. 십계명 중 앞에 나온 네 계명은 하나님의 충분하심을 담고 있습니다. '나는 너희에게 충분한 존재다. 온 세상이 나로 충분하다. 다른 신은 필요 없다'라는 것입니다. 다섯 번째 계명부터는 '네 필요를 이웃에게서 뺏어 와서 채우려고 하지 마라. 거짓말하지 마라. 도둑질하지 마라. 살인하지 마라'라는 것인데, 이 계명들은 '네 필요는 내가 채운다. 너는 이웃의 것을 뺏어 와야 하는 약탈자나 고아가 아니다'라는 의미입니다. 이것이 중요합니다.

그러니 탕자의 비유는 어마어마한 이야기입니다. 작은아들이 돌아오자 집에서는 잔치가 열립니다. 큰아들은 밭에서 일을 하고 돌아오는 길에 잔치 소리를 듣습니다. 큰아들이 일하다가 돌아온다는 내용도 이 비유에 담긴 또 다른 의미를 설명하는 데 매우 적절한 설정입니다. 큰아들이 하인들에게 '이게 무슨 잔치냐' 하고 묻습니다. 하인들이 '작은 아드님이 돌아와서 주인님이 기뻐 잔치를 베푸셨습니다'라고 합니다. 아버지도 와서 '얘야, 네 동생이 돌아왔으니 이

기쁨에 함께 참여하자'라고 합니다. 큰아들은 그러기가 싫습니다. '나는 평생 아버지의 말씀을 어긴 적이 없는데, 저한테는 염소 새끼 한 마리도 잡아 준 적이 없지 않습니까. 그런데 가산을 탕진하고 돌아온 저놈에게는 소를 잡아 주다니요'라며 불평합니다. 그러자 아버지가 '애야, 너는 늘 나와 함께 있으니 내 것이 다 네 것 아니냐'라고 타이릅니다.

아버지의 이 대답에 반발하는 교우들도 많습니다. '그러면 진작 좀 챙겨 주시지' 하고 말입니다. 그런데 '내 것이 다 네 것 아니냐'라는 말에는 그보다 더 큰 뜻이 담겨 있습니다. '너는 내 지위를 이을 자다. 너는 나에게서 내 소유의 일부만 할당받는 존재가 아니라 나를 이을 자다'라는 뜻입니다. 단순히 큰아들과 작은아들이 구별되는 비유가 아니라 아버지가 자녀들을 상대로 두 역할을 하는 이야기입니다. 아버지에게 돌아와야 한다는 것과 아버지 품에서 자라나야 한다는 것, 이 두 가지의 당위가 이 비유에 들어 있습니다.

## 하나님의 맹세에 담긴 의지와 열심

한국 교회는 구원의 확신과 감격을 강조하여 30년 정도 크게 부흥해 왔던 것 같습니다. 1970년대부터 2000년 즈음까지 부흥기를 경험했는데, 그 후로 하나님 앞에 받은 은혜를 갚으며 살아야 한다는 교육은 많이 받았지만, 우리 스스로가 자라야 한다는 교육은 거의 받지 못한 것 같습니다. 자라야 한다, 하나님의 마음에 참여해야 한다, 하나님의 일에 우리가 연결되어 있다, 하는 부분에 대한 이해가 많이 부족했습니다. 신앙이 자라나야 하는 점과 관련하여 구약 성경은 아브라함으로 예를 들어 소개합니다. 또한 히브리서에서는 아브라함의 이야기를 다루면서 하나님이 아브라함을 당신이 목적하시는 자리로 이끌기 위해 하나님 자신을 가리켜 맹세하셨다고 말씀합니다. 이어 하나님의 맹세에 담긴 확고한 의지를 드러내기 위해 히브리서는 출애굽 사건을 들어 주의를 촉구합니다. 차례로 살펴보겠습니다.

하나님이 아브라함에게 약속하실 때에 가리켜 맹세할 자가 자기보다 더 큰 이가 없으므로 자기를 가리켜 맹세하여 이르시되 내가 반드시 너에게 복 주고 복 주며 너를 번성하게 하고 번성하게 하리라 하셨더니 그가 이같이 오래 참아 약속을 받았느니라 사람들은 자기보다 더 큰 자를 가리켜 맹세하나니 맹세는 그들이 다투는 모든 일의 최후 확정이

니라 하나님은 약속을 기업으로 받는 자들에게 그 뜻이 변
하지 아니함을 충분히 나타내시려고 그 일을 맹세로 보증
하셨나니 이는 하나님이 거짓말을 하실 수 없는 이 두 가지
변하지 못할 사실로 말미암아 앞에 있는 소망을 얻으려고
피난처를 찾은 우리에게 큰 안위를 받게 하려 하심이라 우
리가 이 소망을 가지고 있는 것은 영혼의 닻 같아서 튼튼하
고 견고하여 휘장 안에 들어 가나니 그리로 앞서 가신 예수
께서 멜기세덱의 반차를 따라 영원히 대제사장이 되어 우
리를 위하여 들어 가셨느니라 (히 6:13-20)

하나님이 아브라함에게 내가 반드시 복을 주고 너를 번성하
게 하겠다고 하신 약속이 이미 창세기 12장에 주어졌는데
도, 22장에서 다시 나옵니다. 22장에는 아브라함이 이삭을
바치는 내용이 등장합니다. 하나님이 이삭을 바치라고 하
자 아브라함이 이삭을 바칩니다. 이런 시각에서 보면 이삭
의 인생은 참으로 묘합니다. 그는 태어날 수 없었던 자녀였
는데, 무에서 유가 창조되듯이 태어납니다. 그런데 하나님
이 이삭을 잡으라고 해서 그는 바쳐집니다. 히브리서 말씀
에 따르면 '그를 죽은 자 가운데서 도로 받은 것'(히 11:19)이
라고 하여, 신약의 관점으로 보면 이삭의 인생은 부활의 상

징으로까지 해석됩니다.

그때 하나님이 이 맹세를 하십니다. '내가 나를 가리켜 맹세하노니 … 내가 네게 큰 복을 주고'(창 22:16-17). 이 약속은 앞에서 나왔던 약속입니다. 창세기 12장을 보면, 하나님이 아브라함을 불러내실 때에 같은 약속을 주셨습니다. "내가 너로 큰 민족을 이루고 네게 복을 주어 네 이름을 창대하게 하리니 너는 복이 될지라"(창 12:2). 히브리서에서는 하나님이 아브라함에게 복을 약속할 때 '자기를 가리켜 맹세하'(히 6:13)였다고 했고, 또 '하나님은 약속을 기업으로 받는 자들에게 그 뜻이 변하지 아니함을 충분히 나타내시려고 그 일을 맹세로 보증하셨'(히 6:17)다고 합니다. 이 대목에서 보듯 히브리서에는 '맹세'라는 표현이 반복적으로 나옵니다. 이는 아브라함이 이삭을 바친 사건으로 하나님이 아브라함을 축복한다는 약속을 통해 하나님은 당신이 하려고 하시는 일은 절대 포기하지 않는다는 것을 넘어서서 하나님은 상대를 굴복시키는 것이 아니라 상대가 하나님을 전적으로 신뢰하고 하나님과 상대할 실력이 될 것을 목적하시는 분임을 보여 줍니다. 이 내용이 왜 히브리서에 있을까요? 히브리서 6장 1절부터 봅시다.

그러므로 우리가 그리스도의 도의 초보를 버리고 죽은 행실을 회개함과 하나님께 대한 신앙과 세례들과 안수와 죽은 자의 부활과 영원한 심판에 관한 교훈의 터를 다시 닦지 말고 완전한 데로 나아갈지니라 하나님께서 허락하시면 우리가 이것을 하리라 한 번 빛을 받고 하늘의 은사를 맛보고 성령에 참여한 바 되고 하나님의 선한 말씀과 내세의 능력을 맛보고도 타락한 자들은 다시 새롭게 하여 회개하게 할 수 없나니 이는 그들이 하나님의 아들을 다시 십자가에 못 박아 드러내 놓고 욕되게 함이라 땅이 그 위에 자주 내리는 비를 흡수하여 밭 가는 자들이 쓰기에 합당한 채소를 내면 하나님께 복을 받고 만일 가시와 엉겅퀴를 내면 버림을 당하고 저주함에 가까워 그 마지막은 불사름이 되리라

(히 6:1-8)

이 말씀은 '성령 모독죄는 용서받지 못한다'(막 3:29)라는 구절과 함께, 한번 구원을 얻고 타락한 자는 그다음에 방법이 없다는 식의 매우 위협적인 경고문으로 이해되어 왔는데, 히브리서 6장은 결코 그런 차원에서 이야기하고 있지 않습니다. 여기서 인용되는 이야기는 앞 장에서도 나왔던 출애굽 사건입니다. 출애굽 사건을 통해 하나님이 하고 싶은 말

씀은 이것입니다. '너희 선조들은 애굽에서 구원을 받아 광야로 나왔지만, 가나안에 들어가는 것을 거부해서 광야에서 다 죽었다. 너희는 그러지 마라.' 이스라엘 백성이 광야로 나왔을 때 가장 분개한 문제는 의식주에 관한 것이었습니다. 그들은 확신이 없었습니다. 하나님은 아침에만 만나를 주시고, 구름이 이동하면 전부 이동해야 했습니다. 아무 때나 가자고 하면 따라가야 하고 서라면 서야 하니까 땅을 소유해서 농사를 지을 수도, 가축을 많이 기를 수도 없었습니다. 이처럼 모든 일이 그날이 되어 봐야 아는 형편을 이스라엘 백성은 못 견뎌 했습니다. 그래서 불평하며 애굽으로 돌아가자고 했던 것입니다.

애굽으로 돌아가자는 이스라엘 백성의 요구에 대해, 하나님이 꾸짖으신 것에는 이런 의미가 들어 있습니다. 십자가로 인해 죄에서 풀려났으면 이제부터는 자라나야 하는데, 자라날 생각은 하지 않고 자꾸 예전으로 돌아가자고 그런다, 홍해를 건너 왔으면 요단강을 건너 가나안에 들어갈 생각을 해야 하는데 다시 애굽으로 돌아가자고만 한다, 그러면 안 된다, 이것입니다. 그렇다고, 애굽으로 돌아가자고 한 너희는 저주받을 것이다, 이런 이야기는 아닙니다. '너희는 갈 데가 있다'라는 것이 핵심입니다. 갈 데는 바로 가나안입니다. 그런데 백성들이 가데스 바네아에서 정탐꾼들의 보고를 받고 낙심하여 가나안에 못 들어가겠다고 우깁니다. 하나님은 '그럼 너희는 광야에서 다 죽어라'라고 하십니다.

흥미로운 점은 백성들이 홍해 앞에서 불평할 때는 하나님이 그들을 다 끌고 오셨다는 사실입니다. 백성들은 홍해 앞에서도 '애굽에 매장지가 없어서 우리를 여기까지 끌고 나왔냐. 여기까지 끌고 와서는 우리를 다 수장하려느냐. 그냥 애굽에서 곱게 죽게 하지, 왜 여기까지 우리를 데리고 나왔냐'라고 불평했습니다. 그때는 하나님이 그들에게 분개하지 않으시고 홍해를 갈라서 모두 데리고 오셨는데, 가나안을 들어가는 문제에서는 백성들이 못 들어가겠다고 하자, '그래, 그러면 너희는 들어가지 마라'라고 하신 것입니다.

하나님이 십자가로 우리를 구원하신 것은, 죄와 사망 가운데 있는 우리를 하나님과 화목하게 하시고 우리에게 새로운 약속을 베푸신 것입니다. 그것이 구원입니다. 죄, 하나님과의 분리, 사망, 존재의 무가치함에서 우리는 하나님으로 인하여 하나님과의 관계가 회복되었습니다. 그러자 영생이 하는 일이 나타납니다. 이것은 우리가 천국에 가는 문제로 끝나는 것이 아니라, 생명이 자라나는 일을 이야기하는 것입니다. 그런데 백성들이 자라날 생각은 하지 않고 자꾸 과거로 돌아가자고 하는 것에 대해 히브리서는 경고하는 것입니다.

신앙이 자라야 합니다. 실력을 갖추어야 합니다. 하나님이 누구신지, 나를 구원하셨다는 것이 무슨 뜻인지, 나에게 요구하시는 영광과 명예가 무엇인지를 배워야 합니다. 하나님을 몰라서 겪는 모든 못난 일들을 반면교사로 삼아야 합니다. 그러고도 정신을 못 차리면 방법이 없습니다. 그래서 이 꾸중이 필요한 것입니다.

이런 관점에서 보면, 한국 교회가 말하는 구원론에는 죄와 사망 가운데에서 받은 구원이 우리를 어디로 이끄는지에 대한 이해와 설명이 부족하다는 것을 알 수 있습니다. 기도해라, 전도해라, 봉사해라, 하는 식의 임무는 있습니다. 하지만 존재론적으로 사람은 어떻게 되어야 하는가에 대해서는 생각하지 않습니다.

가나안에 들어가는 일처럼 스스로 순종을 결단해야 합니다. 자기가 원하는 것을 위해서 하나님과 분리되는 것을 각오한 인생이 결국에는 하나님을 붙잡아야만 영광으로 간다는 사실을 깨달아야 합니다. 그것이 가나안에 들어가는 것의 의미입니다. 지금 여기서 애굽으로 돌아갈 수는 없습니다. 그것은 십자가를 다시 세우자는 꼴인데, 자꾸 지난 일로 돌아가서 밤낮 회개 타령만 하면 안 됩니다. 그러지 말고

'내가 다시는 이런 실수를 안 하겠습니다' 이렇게 가야 합니다.

주일 아침 예배 시간에 하는 대표 기도도 지난 한 주간 지은 죄를 나열하기에 급급합니다. 그런 기도 대신 '하나님, 오늘부터 시작하는 새해에는 좀 더 용기 있고, 지혜롭게 살게 해 주십시오. 우리가 그렇게 해 보도록 열심히 노력하겠습니다' 이런 기도가 있어야 합니다. 잘못을 지우기만 하고, 자라나는 이야기가 없으면 안 됩니다. 자라남에 수반되는 의심, 불만, 갈등 같은 것들이 어우러지는 과정을 받아들여야 합니다.

이삭을 바칠 수 있게 되는 자리까지 자라 가야 합니다. 결국 하나님은 아브라함을 죽지 않게 하십니다. 아브라함을 통해서 그에게 하신 약속이 어떻게 완성되는지를 보이십니다. 그에게 주신 복은 그냥 복권 같은 것이 아닙니다. 하나님은 그가 하나님의 사람으로서 하나님의 명령을 어디까지 따르고 하나님과 어떤 관계가 되는지를 보이십니다. 하나님은 아브라함을 가리켜 당신의 친구라고까지 소개하시는데, 성경이 주장하고 증거하는 이런 내용을 통해 우리는 신앙의 과정과 발전을 위한 치열한 씨름들을 긍정적으로 이해해야 합니다.

그러지 않으면 다른 이들에게 고함만 지르게 됩니다. '왜 못해?' 여기서 '못해'는 완벽함을 전제한 말입니다. 인간은 완벽할 수 없습니다. 씨름해야 하는 현실을 안고 가는 것입니다. 마라톤을 하는데 숨이 안 차면서 끝까지 잘 뛰고 싶다는 것은 말이 안 됩니다. 마라톤은 누가 잘 달리는가의 싸움이 아니라 정신력의 싸움입니다. 정신이 육체를 얼마큼 붙잡을 수 있는지를 겨루는 싸움입니다.

'신자는 어떤 존재가 되어야 하는가'라는 질문에 대하여 예수님이 모범이 되어 주십니다. 예수님은 모든 기적을 이루시지만 그것으로 자신의 생애를 얼버무리지 않습니다. 그가 행한 기적으로 보상받지도 않습니다. 그것을 본 사람들도, 제자들마저도 예수가 죽는 것을 이해하지 못합니다. 그런데 예수는 분명히 이야기합니다. '나는 섬김을 받으러 오지 않았다. 나는 섬기러 왔다.'

우리가 거기까지 이를 수 있을까요? 우리 인생에도 이런 모습이 있는데, 대부분 잘 깨닫지 못합니다. 자녀를 기르면서 자녀를 이기려고 드는 부모는 없습니다. 부모는 자녀에게 기꺼이 져 줍니다. 부모로서는 굉장한 훈련입니다. 자녀가 잘되는 것이라면 대신 죽을 수도 있습니다. 그것은 큰 영광이기 때문입니다.

기독교 신앙이란 그런 것입니다. 예수를 믿는다는 것, 하나님을 아버지라고 부른다는 것, 믿음으로 살겠다고 하는 것들이 다 이런 영광에 응답하는 것이며 이는 예수님의 가르침이며 부름입니다. 이런 과정이 교회 안에서 설명되지 않고 주제로 등장하지 않아서, 설교나 신앙 교육에 현실 문제를 도입할 수 없는 것입니다. 갈등을 본문으로 삼고 그 갈등이 무엇을 만들어 내는지를 확인하고 서로 격려해야 합니다.

이 과정은 당연한 것이며 이것을 이겨 내면 어떤 자리에 이르게 되는지를 성경에서 얼마든지 확인할 수 있습니다. 오죽하면 구약은 실패한 역사로 마감하겠습니까. 민족이 실패한 내용으로 막을 내리는 경전이 어디 있겠습니까. 그러니 구약은 놀라운 책입니다. 그 실패는 인간이 하나님에게 복종하지 않음으로써 맞이하게 되는 결과가 무엇인지 보여 줍니다. 그 실패는 우리에게 '이걸 봐라. 너희는 이러지 마라'라는 것을 이야기하고, 그 일에 '하나님이 의지를 가지고 너희 편을 들고 너희를 이끄시고야 말 것이다'라는 것을 보여 줍니다. 이것이 십자가이고 성령입니다.

성경에 성령의 임재, 성육신, 십자가 사건 등이 자주 나오는 것은, 하나님이 우리 인생의 모든 과정에 개입하시고 함께하시고 우리 인생을 승리로 이끄실 테니 우리가 완벽해야한다, 영웅이 되어야 한다는 것을 의미하지 않습니다. 착한사람이 되어야 한다는 의미도 아닙니다. 인간의 진정한 명예를 누리는 자가 되라는 것을 의미합니다. 이것이 기독교 신앙이며, 하나님의 목적과 완성으로 가는 과정입니다.

십 자 가

## 십자가로 드러내심

이번 장에서는 '왜 하나님은 우리에게 특별한 현실을 주지 않는가' 하는 문제에 대해, 성경은 십자가 사건을 통해 어떻게 설명하는지 이야기해 보겠습니다. 누가복음 23장을 보겠습니다.

> 빌라도가 대제사장들과 관리들과 백성을 불러 모으고 이르되 너희가 이 사람이 백성을 미혹하는 자라 하여 내게 끌고 왔도다 보라 내가 너희 앞에서 심문하였으되 너희가 고발하는 일에 대하여 이 사람에게서 죄를 찾지 못하였고 헤롯이 또한 그렇게 하여 그를 우리에게 도로 보내었도다 보라 그가 행한 일에는 죽일 일이 없느니라 그러므로 때려서 놓겠노라 무리가 일제히 소리 질러 이르되 이 사람을 없이 하고 바라바를 우리에게 놓아 주소서 하니 이 바라바는 성중에서 일어난 민란과 살인으로 말미암아 옥에 갇힌 자러라 빌라도는 예수를 놓고자 하여 다시 그들에게 말하되 그들은 소리 질러 이르되 그를 십자가에 못 박게 하소서 십자가에 못 박게 하소서 하는지라 (눅 23:13-21)

제가 자라 온 한국 교회에서는 십자가에 대해 이렇게 설명했습니다. '우리가 죽어야 하는데 예수가 대신 죽었다. 예수가 우리의 죗값을 치렀다. 예수가 우리의 죄를 속하여 죽으시고 부활하심으로 우리가 새사람이 되어 천국에 간다.' 그런데 단지 '우리를 천국에 데려가기 위해서'라는 목적만으로는 신이 와서 죽을 이유가 되지 않습니다. 그러면 '예수의 죽음은 모든 인류의 영혼을 구하기 위하여 치른 값이다'라는 말을 생각해 봅시다. 예수가 우리의 죗값을 치렀다고 할 때도 '신의 목숨=인류 전체의 목숨'과 같은 등식은 성립될 수 없습니다.

그렇다면 성경이 십자가 사건을 통해 하고 싶은 이야기는 무엇인지 살펴봅시다. '예수를 죽이십시오'라고 외치는 사람들은 우리가 볼 때 필요 이상으로 분노하는 것 같습니다. 빌라도는, 모인 무리가 예수를 가리키며 '이 사람을 죽이십시오. 이 사람은 민란을 일으켜 로마 정권에 해가 되는 사람이니 사형에 처하십시오'라고 외치는데도 그들의 요청에 선뜻 응하지 않습니다. 유대인들이 로마 정권을 위해서 좋은 말을 해 줄 리가 없다고 생각했기 때문입니다. 예수가 민란을 주도하고 로마 정권에 저항했으면 유대인들이 예수를 도와줘야 맞는데, 오히려 그를 잡아 와서 이 자는 모반했으니 죽이라고 하는 것이 미심쩍습니다. 누가 다가와서 밀고 하는 것이 아니라 떼로 몰려와서 분노하니 더 말이 되지 않습니다.

빌라도는 예수에게서 죄를 찾을 수 없었습니다. 그래서 명절에 죄수를 놓아주는 전례에 따라 예수를 놓아주겠다고 한 것입니다. 그러자 백성들은 예수 대신 바라바를 놓아 달라고 합니다. 바라바는 십자가에 죽어 마땅한 중죄인인데, 모인 군중은 바라바 대신 예수를 십자가에 못 박으라고 외칩니다. 전에 예수가 예루살렘에 입성할 때는 '호산나 찬송하리로다 주의 이름으로 오시는 이여'(막 11:9)라며 환호를 보내던 무리였는데 말입니다. 이 환호에는 '호산나, 이제 우리를 구원할 때가 되었습니다. 호산나, 지금 우리를 구하소서. 이제 주님이 우리를 구원하러 오시는구나. 만세!'라는 환영의 의미가 들어 있었습니다. 그런데 예수가 십자가에 달려 죽어 버리는 것입니다.

예수님은 잡혔을 때 저항하지 않으셨습니다. 이는 백성들이 기대했던 메시아의 모습이 아니었습니다. 그래서 그들은 분노했습니다. 예수에게 기대를 걸었던 만큼 화가 났던 것입니다. 그들은 예수가 보복하여 자기네 민족의 원수를 갚는 것을 기대했는데, 예수는 그렇게 하지 않으십니다. 하나님은, 폭력이나 죄악이나 죄인을 제거하는 것으로 하나님 나라가 완성되는 것이 아님을 예수로 보이십니다. 이것은 굉장히 중요한 이야기입니다.

"너희를 박해하는 자를 축복하라 축복하고 저주하지 말라"(롬 12:14)라는 말씀이 있습니다. 하나님 나라는 악인을 죽인다고 이루어지는 것이 아니라, 우리가 자라야 이루어진다는 것입니다. 그래서 '악을 악으로 갚지 말고 모든 사람 앞에서 선한 일을 도모하라'(롬 12:17)라고 말씀합니다. '선으로 악을 이기라'(롬 12:21)라는 말씀은, 선행으로 악인에게 감동을 줘서 그를 변화시키라는 것이 아니라, 악한 역할은 악인에게 맡기고 너희는 하나님이 요구하시는 일을 하라는 말입니다. 사람들로 예수를 믿게 하는 것이 하나님이 교회에 주신 임무인데, 하나님은 이 일을 폭력으로 이루기를 원치 않으십니다. 그러한 권력 또한 주지 않으십니다.

우리는 죄와 사망이 왕 노릇 하는 질서 속에 보내집니다. 죄란 단지 도덕적인 부패를 말하는 것이 아니라, 하나님과 끊어져 있는 것을 말합니다. 하나님과의 관계가 끊어지면 나무에서 끊어진 가지처럼 마르고 썩어 버려집니다. 이것이 '죄와 사망이 왕 노릇' 한다는 말의 의미입니다. 죄의 값은 사망입니다. 사망은 존재와 가치가 소멸되는 것을 말합니다.

이에 반해 구원이란, 하나님과의 관계가 회복되는 것입니다. 고린도후서 5장에서는 하나님과 우리의 화목을 이야기하는데, 여기서 '화목'이란 평화로운 말이나 태도를 갖추는 문제가 아니라, 우리가 하나님과 다시 연합하여 하나님으로부터 오는 생명을 받는 것을 말합니다. 그렇게 되면 이 생명의 충만함으로 부름을 받은 우리가 하나님의 영광의 찬송이 된다고 합니다. 우리가 하나님이 받으시는 영광의 꽃이 되는 것입니다. 우리가 하나님을 경배함으로써 하나님이 떠받들어진다는 의미가 아니라, 하나님이 허락하신 창조와 약속하신 사랑이 우리를 어떤 존재로 만들어 내는지를 보임으로써 하나님은 당신이 어떤 분인지를 증명하신다는 것입니다. 그것이 인류에게 요구되는 지위이자, 우리가 받은 운명과 복입니다.

하나님은 당신을 설명하는 정의에서 가장 먼저 폭력이라는 개념을 거부하십니다. 요한일서에 나오듯 하나님은 사랑이십니다(요일 4:8). 사랑의 반대는 공포입니다. 그러니 사랑에는 폭력이 들어올 수가 없습니다. 사랑이란 자발성이 전제되어야 할 수 있으며, 상대방을 해하지 않고서 상대방과 최고의 친밀함을 가지는 것입니다. 그러니 사랑은 혼자서할 수 없습니다. 사랑을 하려면 상대가 있어야 하고 그 상대가 자진해서 나의 사랑에 반응해야 합니다. 내가 높은 지위에 있고 상대가 나보다 낮은 지위에 있어서 우열이 생기면, 그 사랑은 동정심이 됩니다. 동정하는 자는 우쭐해지고, 동정받는 자는 비굴해집니다. 하나님은 그렇게 하지 않으십니다. 예수의 십자가 사건이 이것을 잘 보여 주고 있습니다.

'나는 너희가 나를 버리고 들어간 사망의 자리, 가치 없는 자리까지 따라 들어갈 수 있다' 이렇게 말씀하시는 것이 십자가입니다. '너희가 최악의 조건과 상태에 있을지라도 너희를 위해서라면 나는 끝까지 너희 곁에 가겠다'라는 것을 십자가 사건으로 보여 주십니다. 그러니 예수님이 우리를 위해 십자가까지 지셨다면서 울고불고하는 것으로 끝나서는 안 됩니다.

내가 되어야 하는 모습에 이르기까지 하나님은 절대 나를 포기하지 않으시고, 어떤 경우와 상황에서도 나를 그렇게 만들어 가신다는 것을 십자가 사건으로 알 수 있습니다. 그런데 우리는 이것을 부담스러워합니다. 마치 아버지가 자녀에게 함께 여행하자고 하는 것과 같습니다. 자녀는 친구들끼리 여행하는 게 재미있지, 아버지와 여행하는 것을 곤란해합니다. 침식을 같이해야 하기 때문입니다.

우리는 신과 교제하는 것보다 신을 두려워하는 것에 더 익숙합니다. 우리에게 신이란 공포심을 갖게 하는 대상에 가깝습니다. 신은 내가 할 수 없는 것을 해 줄 수 있는 최고 지위에 있는 존재이고, 나는 나의 필요를 채우고 내가 해결할 수 없는 현실을 해결해 달라고 요구하기 위해 신을 찾는 처지라고 생각합니다. '달라는 것 다 드릴 테니 제 문제 좀 해결해 주십시오'라는 식입니다. 이런 요구를 할 수 있는 최소한의 조건은 우리가 도덕성을 갖추는 것입니다. '착하게 굴면 신이 보상해 준다'와 '간절히 구하고 매달리면 신이 결국 해결해 준다'라는 생각이 있기 때문입니다.

종교가 성립하려면 신이 자기를 설명하고, 자기를 믿는 신자들에게 그것을 납득시켜야 하는데, 기독교를 제외한 모든 종교에는 이 부분이 없습니다. 기독교의 신은 우리와 사랑을 나누는 존재가 되겠다고 하십니다. 우리에게 그런 명예와 영광을 주겠다고 하십니다. 그런 하나님이십니다. 사랑이란 그 속성이 끝없이 발산되는 것이기 때문입니다. 마주하는 모든 상대를 충만하게 하는 것을 자신의 기쁨으로 삼는 것이 사랑입니다. 누구를 무릎 꿇려서 그의 소유를 빼앗아 올 필요가 없습니다. 공포심을 조장하여 상대의 무릎을 꿇리는 것은 치사한 행동입니다. 하나님은 그러지 않으십니다.

그런데 우리에게는 그런 신의 모습이 익숙하지 않습니다.

그러니까 자꾸 회개만 합니다. 신 앞에서 뭘 요구하려면 최소한 잘못이 없어야 하니까 지난주 동안 잘못한 죄를 낱낱이 다 열거합니다. 그러니 주일 예배에서도 대표 기도를 십분 이상 합니다. 그러지 말고 '지난 한 주간은 자랑스럽게 살지 못했습니다. 그러나 이번 한 주간은 자랑스럽게 살도록 복과 은혜를 허락하옵소서' 이렇게 기도해야 합니다.

## 율법과 믿음

인간은 명예와 가치를 스스로 만들 수 없습니다. 서로 죽고 죽일 뿐입니다. 얼마나 무가치합니까. 하나님은 이러한 무가치함에 대하여 '나는 너희를 지은 창조주이기 때문에 너희가 쓸모없어지는 것을 참지 못한다'라고 하십니다. 창조주로서 가진 자존심입니다. 우리에게는 고마운 자존심입니다. 부모는 자녀가 헐벗고 다니는 꼴을 못 봅니다. 감사한 일입니다. 그럴 때 자녀는 '우리 부모님이 진짜 우리 부모가 맞구나' 하고 생각합니다. 성경이 하고 싶은 이야기는 이런 것인데, 우리는 고작 착하게 살아서 천국에 가는 것만을 보상으로 여깁니다.

우리가 예수를 찾지 않았을 때에 하나님이 우리의 자리까지 들어오셨습니다. 우리에게 조건을 제시하여 우리가 그것을 달성하면 보상해 주는 것이 아니라, 우리가 최악의 경우에 있어도 우리에게 뛰어들어 오시는 하나님입니다. 그러니 우리에게도 최악의 현실 속으로 들어가라고 하십니다. 하나님과 분리되어 있어서 가치로나 도덕으로나 존재론적으로나 아무 명예도 없는 세상에, 우리는 명예를 드러내는 자로 보냄을 받는 것입니다. 그것이 교회이고, 신자입니다.

그러니 밤낮 '예수 믿으세요'라고 말만 해서는 안 됩니다. 매일 가족을 대하고, 직장에 나가고, 먹고살기 위해 몸부림쳐야 하는 일상에서 하나님을 모르는 사람들은 잘해 봤자 원칙과 상식을 지키는 것에 불과하고 기회만 있으면 약삭빠르고 치사하게 구는데, 하나님은 우리에게 그들과는 다른 인간성을 보이라고 말씀하십니다. 이런 방식으로 하나님은 당신을 드러내시고 죄와 사망뿐인 세상의 종말을 고하겠다고 하십니다.

그러니 우리가 보냄을 받는 것은, 그 아들 예수가 오셔서 보이신 것과 동일하게 하나님의 지위, 권능, 기적, 은혜, 성실하심을 증명하기 위해서입니다. 나 하나 제대로 살기도 바쁘지만, 어쨌든 예수를 믿으니 뭔가 하나는 달라야 합니다. 거기서 조금씩 더 나아지기로 합니다. 그것은 나를 보는 사람들을 위해서이기보다 인간이 무엇인지, 나는 무엇인지, 내 인생은 왜 이런지에 대해 내 안에서 스스로 답을 찾아야 하기 때문입니다. '예수를 믿는데도 왜 내 인생에는 늘 좌절 뿐이지? 왜 늘 부족하지?'에 대하여 고민해야 합니다.

예수가 육신으로 오셔서 당한 일들이, 무한이 유한 속에 들어온 일 자체, 그 속박보다 클 수는 없습니다. 무한이 유한 속으로 들어온 것이 성육신이며, 구체성입니다. 예수가 육체로 오심을 부인하는 것은 적그리스도(요이 1:7)입니다. 우리가 육신으로 살면서 하나님의 일하심에 참여함을 모른다면 적그리스도인 것입니다. 이는 단순히 '적그리스도는 용서받지 못한다'라고 말하는 것보다 훨씬 현실적인 설명입니다. 이런 하나님의 일하심에 대해 이해해야 합니다.

우리의 일상을 돌아보면, 하루에 한 번 잘하기도 힘듭니다. 잠자리에 들기 전, '아까 그 말을 왜 했을까?', '그때 그 말은 하지 말걸. 다음에는 안 그럴 게, 라고 말할걸' 하는 생각이 들기 마련입니다. 싸우다가 상대방이 "난 네가 치사한 놈인 걸 이번에 알았어. 난 너 같은 놈 처음 봤어" 하면, "그랬냐? 미안하다. 내가 조심할게. 제발 날 버리지 말아다오." 그렇게 한번 해 보십시오. 거기까지 가려면 수많은 단계를 거쳐야 합니다. 제일 먼저 해야 하는 것은 반발하지 않는 겁니다. 폭발하지 않는 겁니다. 고린도전서 13장에 나온 '사랑은 환상이 아니다. 사랑은 능력이 아니다. 사랑은 정열이 아니다. 사랑은 오래 참는 것이다'라는 사랑의 정의를 몸소 경험해 봐야 합니다. 사랑은 희희낙락하는 게 아니라 폭력이나 보복을 멈추는 것입니다. 굉장히 어렵습니다. 그런데 한 번 해 보면 알게 됩니다. 미운 말을 하면 두고두고 부작용이 일어납니다. 관계가 한번 틀어지면 복구하는 데 값이 많이 듭니다. 그래서 그런 말은 하면 안 된다는 것을 알게 됩니다. 처세술을 말하는 것이 아닙니다. 일상에서 진심으로 그렇게 살아야 합니다.

하나님이 당신을 증명하기 위해서 어디까지 우리를 좇아오셨는지를 알게 되면 우리는 놀랍니다. 빌라도가 묻습니다. '네가 유대인의 왕이냐?' 예수님은 그렇다고 하십니다. 빌라도는 어처구니가 없었을 것입니다. 빌라도가 그렇게 물으면 아니라고 했어야지 잡혀 온 주제에 그렇다고 하면 어떡합니까? 그런데 예수님은 그렇다고 하십니다. 세상 사람들은 '하나님, 쟤가 하나님 자녀라는데 정말이에요?' 하고 따집니다. 하나님은 그렇다고 하십니다. 자녀를 길러 보면 알겠지만, 무슨 짓을 해도 자녀는 자녀입니다. 아니라고 할 수 없습니다. 최악의 경우에도 부모는 '내 자녀가 맞다'라고 합니다. 자녀 대신 죽을 수도 있는 것이 부모입니다. 부모와 자녀는 놀라운 관계입니다. 다른 것으로 대체할 수 없습니다. 이해관계나 논리로 따질 수 없습니다. 끊을 수 없는 관계이기 때문입니다. 이것이 로마서 4장과 5장이 하는 이야기입니다. 이것이 예수를 믿는다는 말의 진정한 의미입니다.

로마서를 통해 하나님이 말씀하시려는 것은, 사람이 율법을 지켜서가 아니라, 예수를 믿음으로 말미암아 구원을 이루시겠다는 것입니다. "그러므로 사람이 의롭다 하심을 얻는 것은 율법의 행위에 있지 않고 믿음으로 되는 줄 우리가 인정하노라"(롬 3:28). 그렇다고 예수를 믿는 것이 구원의 조건이라고 하면 틀린 말입니다. 예수를 믿는 것은 조건이 아니라 구원을 이루시는 하나님의 방법입니다. 믿음은 율법에 관한 것이 아닙니다. 믿음이 율법이 아니라는 말은, 우리가 조건과 자격을 갖추어야만 보상을 얻는 것이 아니라는 의미입니다. 믿음은 원인이나 결과가 아닙니다. 구원은 조건을 만족시켜서 얻는 것이 아닙니다. 그래서 구원을 믿음이라고 합니다.

로마서 4장으로 가면, 믿음을 설명하기 위해서 아브라함 이야기를 합니다. 아브라함이 하나님을 믿었다는 이야기가 무슨 뜻인지를 이렇게 설명합니다.

> 아브라함이나 그 후손에게 세상의 상속자가 되리라고 하
> 신 언약은 율법으로 말미암은 것이 아니요 오직 믿음의 의
> 로 말미암은 것이니라 만일 율법에 속한 자들이 상속자이
> 면 믿음은 헛것이 되고 약속은 파기되었느니라 율법은 진
> 노를 이루게 하나니 율법이 없는 곳에는 범법도 없느니라
> 그러므로 상속자가 되는 그것이 은혜에 속하기 위하여 믿
> 음으로 되나니 이는 그 약속을 그 모든 후손에게 굳게 하려
> 하심이라 율법에 속한 자에게뿐만 아니라 아브라함의 믿
> 음에 속한 자에게도 그러하니 아브라함은 우리 모든 사람
> 의 조상이라 기록된 바 내가 너를 많은 민족의 조상으로 세
> 웠다 하심과 같으니 그가 믿은 바 하나님은 죽은 자를 살리
> 시며 없는 것을 있는 것으로 부르시는 이시니라 (롬 4:13-17)

아브라함이 신앙이 좋아서 믿음의 조상이 되었다는 말씀이
아닙니다. 하나님이 먼저 아브라함을 불러내시면서 '너는
복의 근원이 될 것이다. 너로 말미암아 모든 족속이 구원을
얻을 것이다'라는 약속을 주셨습니다. 아브라함은 율법을
지켜서, 즉 조건과 자격을 갖추어서 이런 큰 약속을 받아 낸

것이 아니라 믿음으로 받았습니다. 그래서 우리에게는 이 믿음이 율법을 대신하는 조건이 되어 버렸는데, 그런 것이 아니라고 로마서 4장은 말씀합니다.

믿음이란 편들어 주는 것입니다. 율법은 자격과 조건입니다. 그러니 믿음은 율법이 아닙니다. 상대방이 자격과 조건을 갖추지 않아도 관계를 포기하지 않는 것을 편들어 주는 것이라고 합니다. 조폭들은 '의리'라는 단어를 자주 씁니다. 도덕이나 능력으로는 관계를 유지할 수 없어서 어떤 경우에도 끝까지 서로의 편을 들어주기로 한 것입니다. 그것이 의리입니다. 이처럼 하나님이 우리 편을 들어주겠다고 하신 것이 바로 믿음입니다. 하나님이 우리에게 어떠한 조건이나 자격도 요구하지 않으시고 우리 편을 들어주시는 것이 믿음입니다.

은혜란 조건 없이 받는 선물입니다. 은혜란 하나님의 고집입니다. 하나님이 그러기로 하신 것입니다. 부모가 자녀를 불쌍히 여겨 자녀가 잘되기를 바라며 무슨 일이라도 감수하는 것처럼, 하나님과 우리가 그런 관계라는 것입니다. '내 아들까지도 보낼 수 있다'라고 하신 하나님입니다. '너희는 내 아들이 누구인지 알아보지도 못할 것이다. 너희가 구하지도 않았을 때 내가 보냈다'라고 하신 것입니다. 이 내용이 로마서에 들어 있습니다. "우리가 아직 죄인 되었을 때에 그리스도께서 우리를 위하여 죽으심으로 하나님께서 우리에 대한 자기의 사랑을 확증하셨느니라"(롬 5:8). 여기에는 조건이나 자격이 없습니다. 하나님이 우리의 아버지가 되기로 하셨기 때문입니다. 하나님은 그것을 절대 포기하지 않으십니다. 우리는 '믿음'이나 '은혜' 같은 단어를 상투적으로 이해하는 경향이 있어서 성경 말씀을 자주 곡해합니다. 그래서 아브라함의 이야기를 보고도 믿음을 자꾸 조건으로 만들려고 합니다.

아브라함은 창세기 12장에 등장하는데, 1장부터 11장까지는 전부 인류가 심판받는 이야기입니다. 아담이 실패하고, 그 실패 때문에 모두가 죽습니다. 하나님이 그들을 다 흩어 버릴 수밖에 없었던 바벨탑 사건이 일어난 것입니다. 그러다 12장에 갑자기 '내가 너로 큰 민족을 이루고 네게 복을 주어'(창 12:2)라는 말씀이 등장합니다. 앞뒤가 안 맞습니다. 그 사이에는 아무것도 없습니다. 아브라함을 영웅으로 볼 요소 역시 없습니다.

'의'라는 것은 하나님과 정당한 관계를 맺은 정당한 지위를 의미하는 단어입니다. 죄란 하나님과 분리되어 있는 것을 말하고, 의란 하나님과의 관계가 회복된 자리에 들어와 있는 것을 말합니다. 믿음은 하나님이 편들어 주는 것이라고 앞서 말했습니다. 편들어 준다는 것은 다른 무엇으로도 갈라놓을 수 없는 것입니다. 하나님과 우리 사이는 부모와 자식 같은 관계이기 때문입니다. 은혜란, 하나님이 고집을 부리시겠다는 것입니다. 하나님이 고집을 부리시겠다는데 누가 막겠습니까. 하나님이 우리에게 복을 주신다는데, 무엇이 하나님을 막을 수 있겠습니까. 우리는, 하나님이 포기하시거나 사랑을 중단하실 수 없는 존재라는 것을 알 수 있습니다.

빌립보서에 나온 '두렵고 떨림으로 너희 구원을 이루라' (빌 2:12)와 같은 말씀은 공포심을 가지라는 의미가 아니라, 하나님의 고집을 이야기하는 것입니다. 하나님의 의지입니다. 그러니까 우리가 답을 얻으려면, 그 영광과 명예의 자리에 이르는 것 외에는 다른 방법이 없습니다. '아버지, 저 오늘 학교 안 가고 낚시해서 잉어 두 마리 잡아 왔어요. 푹 고아서 드릴 테니까 아버지 건강하세요' 그러면 잉어로 맞습니다. '언제 이런 거 가져오랬어?' 아버지는 그럴 것 아닙니까? 그것이 기독교입니다.

## 손쉽게 일하지 않으심

죄로 인해 생명에서 끊어져 있는 존재는 자기의 필요를 폭력으로 채울 수밖에 없습니다. 십계명 중 앞에 있는 네 계명은 '너희는 하나님 한 분으로 충분한 존재다. 너희의 필요는 그분만이 채울 수 있다'라는 것을 이야기합니다. 그다음 계명들은 '네 이웃의 것을 약탈해서 네 필요를 채우는 식으로는 인간의 진정한 명예를 만들 수 없다'라는 것을 말해 줍니다. 이것이 율법의 핵심입니다. 하나님은 우리에게 '너희는 보복하거나 권력을 휘두르는 방법이 아닌, 내가 네게 허락한 현실 속에서 나를 아는 명예와 위대함을 배우고 누려서 이 영광에 이르도록 완성되어야 한다' 이렇게 말씀하십니다.

우리는 메시아마저 십자가에 매달자고 하는 것 외에는, 우리의 기대와 소원을 폭력화하는 것 외에는, 아무런 방법이나 내용을 가지지 못하는 자들임에도 하나님은 우리를 변화시켜 예수를 따르는 인생을 살게 하시고, 그 위대한 지위를 이어 가는 존재로 부르십니다. 우리의 인생이 그렇게 열려 있다는 것을 성육신 사건에서 발견할 수 있습니다.

예수님은 겟세마네 동산에서 기도하시면서 제자들에게 깨어 기도하라고 권하지만, 실패합니다. 예수님은 '아버지여 만일 할 만하시거든 이 잔을 내게서 지나가게 하옵소서'라고까지 기도하셨습니다. 예수는 신이니까 십자가를 지는 일도 하나님과 합의하여 간단히 해치웠을 것이라고 생각합니까? 그렇지 않습니다. 성부와 성자 사이에도 망설임과 두려움과 갈등이 있음을 알아야 합니다. 아무 걱정이나 근심 없이 모든 일을 척척 하는 것은 AI뿐입니다.

〈설리: 허드슨강의 기적〉이라는 영화가 있습니다. 톰 행크스가 파일럿으로 등장한 영화로, 뉴욕에 있는 공항에서 국내선 비행기가 이륙하다가 사고를 겪은 실화를 바탕으로 한 내용입니다. 주인공인 파일럿이 비행기를 조종하여 이륙하는 도중, 철새 떼를 만납니다. 그런데 새 떼가 엔진에 들어가는 바람에 엔진이 작동을 멈춰 버립니다. 프로펠러가 망가지고 새는 죽고 비행기가 추락하려고 합니다. 그래서 서둘러 근처 공항에 착륙하려고 하는데, 비행 높이가 너무 낮고 동력이 없어서 공항까지 못 가고 허드슨강에 불시착하지만, 기가 막히게 모두가 삽니다.

그런데 그 사건 후 추락 사고 조사 위원회에서 사고가 기체의 결함 때문인지, 조종사의 과실 때문인지를 조사합니다. 당시 상황을 재연하는 프로그램으로 확인해 보니, 사고가 일어났을 때 바로 근처에 있는 공항으로 즉시 갔더라면

무사히 착륙할 수 있었던 것으로 밝혀집니다. 그런데 조종사가 망설이는 바람에 공항으로 못 가고, 허드슨강에 불시착해서 위험에 처하게 했으니 그에게 과실이 있다는 분위기로 조사가 진행됩니다. 조사 위원회에서는, 조종사가 최선을 다한 것은 인정하지만, 분별력은 없었다고 판단합니다. 그러자 그가 마지막 변론을 합니다.

'인간이 결정할 때는 시간이 필요하다. 비행할 때 사고가 나면 비행기에 남은 동력 상태도 살펴야 하고, 고도도 확인해야 하고, 어떻게 하는 것이 좋을지 부기장이랑 의논도 해야 하기 때문에 고민하는 시간이 걸린다. 인간은 그런 시간 없이 다음 동작을 할 수 없다. 어떤 일의 결과가 일어난 다음에 그 상황을 재연해서 '그때 이렇게 행동했어야 했는데'라고 판단하는 것과 갑자기 사고가 나서 대처하는 것은 다르다. 어디까지 훼손이 일어났고, 지금 할 수 있는 일은 무엇인지를 알아차리기까지 3분에서 5분 정도가 소요된다. 이번 일도 생사가 달린 문제라서 고민하느라 바로 옆 공항까지 못 가고 허드슨강에 불시착하고 말았다.' 이런 내용입니다.

우리에게도 이런 일들이 있습니다. 성부와 성자도 즉각 반응하는 것이 아니라 망설이고 갈등합니다. 하나님은 신의 한계를 벗어나서까지 일하셨기 때문입니다. 부모가 자녀를 위해 죽는다는 것은 사실 말이 안 되는 이야기입니다. 죽으면 소용없기 때문입니다. 살아서 부모 노릇을 해야 합니다. 그럼에도 살아서 할 수 있는 것보다 더 하겠다는 의지를 표현할 때 '너를 대신해서 죽어도 좋다'라고 합니다. 그런데 죽는 것은 아무 쓸데가 없습니다. 죽을 각오로 살아서 더 나아가야 합니다.

히브리서에 나온 '그가 아들이시면서도 받으신 고난으로 순종함을 배워서 온전하게 되셨은즉'(히 5:8-9)이라는 말씀에는 '도대체 신은 우리를 위하여 자신을 어디까지 내려놓는가'라는 질문에 대한 답이 담겨 있습니다. 신이 당신의 영광을 위해서 피조물인 우리를 손해 보게 하는 편이 더 쉬운데, 하나님은 그렇게 하지 않으시고 당신이 손해 보는 자리로 몸소 가신 것입니다. 성육신과 십자가가 보여 주는 것이 이것입니다. '우리가 육신의 아버지를 부르듯, 우리는 하나님을 아버지라고 부를 수 있다. 그분은 우리 편이다. 나의 어리석음과 못난 모습에도 나를 포기하지 않으시고, 필요하다면 언제든지 기적을 만드실 수 있다.'

하나님이 기적을 자주 사용하지 않으시는 이유는 우리가 배워야 할 것이 있기 때문입니다. 일의 결과만이 중요한 것이 아니라 후회, 수치, 체념, 자책 같은 것이 일을 한다는 것을 배워야 합니다. 그것이 성육신과 십자가의 진정한 의미이자 깊이이고, 넓이입니다. 그래서 '예수를 믿으세요'라고 말만 하면 상대방이 바로 믿을 수 있는 것이 아니라, 하나님이 그를 만나 주셔야 그가 믿을 수 있습니다. 그다음에 그가 믿는다고 고백하는 것입니다. '나는 예수를 만났어. 나는 내가 누구인지 알았어.' 내가 예수를 믿는다는 것은 '하나님이 내 편을 들어주신다는 것을 내가 안다'라는 말입니다. 내가 어떤 조건을 충족하려고 그런 결정을 했다는 것이 아니라, 내가 그 사실을 알게 되었다고 고백하는 것입니다. 이 진실은 중단되거나 포기될 수 없음을 깨닫는 것입니다. 그것을 어디까지 알고 어디까지 삶에 적용하느냐로 자신의 믿음을 확인해 볼 수 있습니다. 마태복음 27장을 봅시다.

> 제육시로부터 온 땅에 어둠이 임하여 제구시까지 계속되더니 제구시쯤에 예수께서 크게 소리 질러 이르시되 엘리 엘리 라마 사박다니 하시니 이는 곧 나의 하나님, 나의 하나님, 어찌하여 나를 버리셨나이까 하는 뜻이라 (마 27:45-46)

'아버지여 만일 할 만하시거든 이 잔을 내게서 지나가게 하옵소서'(마 26:39)라는 말씀은 신이 우리를 위해 어디까지 찾아오시는지를 보여 줍니다. 이방신은 폭력을 사용해 모두를 무릎 꿇리는 것으로 자신의 권위를 세웁니다. 역사상 제왕들에게서 볼 수 있는 모습입니다. 기독교는 그렇지 않습니다. '예수께서 죽으셨다. 사망의 자리까지 들어오셨다'라는 말은 '예수님이 하나님과의 관계가 끊어진 자리로 들어오셨다'라는 것입니다. 이것을 히브리서 2장 14절은 '죽음을 통하여 죽음의 세력을 잡은 자 곧 마귀를 멸하시며'라고 표현합니다. 예수의 죽음이 필요한 것은, 예수님이 하나님과의 연합이 끊어진 사망의 자리, 즉 하나님 없는 자리에 들어오심으로써 하나님이 없는 자리를 없어지게 하기 위해서입니다. 임마누엘이기 때문입니다. 하나님 없는 자리에 신이 들어오심으로써 신이 없는 자리를 없앴다고 선언하십니다.

그러니 교회와 신자 각각이 세상에 보냄을 받았다고 생각하면서도, 안 믿는 자들을 정죄하고 비난한다면 성육신과 십자가가 말하는 내용과 배치되는 것입니다. 우리는 그들에게 진리를 가르쳐 주고, 구원을 얻게 하고 싶어서 그랬다고 평계 댑니다. 하지만 하나님은 그렇게 하지 않으십니다. 요한복음 3장 16절, '하나님이 세상을 이처럼 사랑하사'라는 말씀에서 하나님의 사랑은 우리가 믿는다거나 안 믿는다고 하는 것보다 훨씬 큰, 다른 차원 속에 있습니다. 하나님은 창조주로서 가지신 책임을 다하셨는데, 그 책임을 사랑이라고 정의할 수 있습니다.

우리는 책임을 능력이나 심판에 관한 문제라고 생각하는데, 성경은 그렇게 이야기하지 않습니다. 물론 경고를 외면하거나 두려움을 해소하기 위해서 이런 말들을 사용해서는 안 됩니다. 우리는 하나님의 진정성을 훼손할 수 없습니다. 단지 하나님이 우리에게 겁을 주는 것이 아니라 하나님의 사랑에 담긴 진정성이 이런 경고로 나타나는 것임을 알아야 합니다.

하나님이 우리를 외면하거나 놓아 버리는 일은 결코 없습니다. 이 사실이 굉장합니다. 이런 이야기를 들을 때 '그럼, 열심히 안 살아도 되겠네' 하는 것은 십자가 사건에서 유대인들이 '차라리 바라바를 놓아주십시오'라고 말하는 모습과 같습니다. 그렇게 되면 책임을 지는 명예와 그 위대함과 영광에서 돌아서게 됩니다.

## 거역할 자유까지 허락하심

우리가 아담의 후손에서 예수의 후손이 되는 것이 구원인데, 가만히 생각해 보면 인류의 실패와 원죄는 하나님이 아담에게 선택권을 주셨기 때문에 생겨난 것입니다. 우리는 '우리가 먹으면 안 되는 열매를 하나님은 왜 만드셨는가'라고 따지기 바쁜데, 오히려 여기서 생각해 봐야 할 놀라운 점은 하나님이 인간에게 하나님의 명령을 따를지, 안 따를지 결정할 수 있는 선택권을 주셨다는 것입니다. 먹으면 안 되는 걸 먹는 자유까지도 허락하셨다는 사실이 우리를 놀라게 합니다.

자유가 있어야 선택을 할 수 있습니다. 자유가 없으면 맹종만 있을 뿐입니다. 그런데 우리는 이 자유를 권리로만 이해합니다. 성경은 권리에서 결국 책임으로 가야 한다고 이야기합니다. 하나님의 명령을 어기자, 인간에게 죽음이 임한 것은 인간의 선택이 잘못되었기 때문입니다. 하나님과의 연합이 깨지자, 인간은 생명과 진리에서 벗어난 이방인이 되고맙니다. 위대한 것과 가치 있는 것을 만들 수가 없게 됩니다. 이방인이 되는 것은 자기가 선택한 일인데, 하나님은 그 자리까지 찾아오십니다. 하나님이 우리를 위하여 어디까지 들어오는지를 보이시는 것입니다. 그래서 우리는 우리가 선택한 헛됨, 거짓, 가치 없음, 그로 인한 자괴, 자책, 열등감 같은 것을 해결할 수 있는 유일한 답은 하나님에게 있음을 알게 됩니다. 예수는 길이요, 진리요, 생명입니다. 우리는 사망입니다.

인류는 선택권이 있었으나, 그 선택권을 사용하여 사망뿐인 운명에 빠집니다. 예수를 만나서 구원받을 때에 그 선택권이 회복되고, 그때 하나님의 목적에 순종하는 선택을 하게 됩니다. 이것을 자유가 갖는 책임이라고 합니다. 자유에는 권리만 있는 것이 아니라 책임이 따릅니다. 자기가 선택한 결과에 책임을 져야 합니다. 하나님과 끊어지는 선택을 하면 헛되고 가치 없는 비극만 남을 뿐이고, 하나님을 선택하면 영광과 찬송이 있습니다.

그러니 성경이 순종을 요구하는 것은 강요가 아니라 '수도꼭지에 호스를 끼워라'와 같은 명령입니다. 자기 스스로 물을 흘려보낼 수 없고, 근원에 연결되어 있어야만 가치 있는 것이 나오기 때문입니다. 하나님에게서만 가치 있는 것이 나옵니다. 그중 최고는 사랑과 믿음입니다. 그것은 우리가 하나님 앞에 엎드려 빌어야 하는 굴욕이 아니라, 존경과 감사와 감격과 찬송으로밖에는 설명하거나 표현할 수 없는 만족입니다. 하나님의 기뻐하심과 충만하심에 우리가 참여하게 되는 것을 말합니다. 이것이 성경이 하고 싶은 이야기이고, 우리에게 순종이 요구되는 이유입니다. 우리가 현실 속에서 이런 경우들을 경험하고 완성을 향해 나아가야 합니다. 육체를 가지고는 완성에 이르지 못하지만, 완성으로 가는 길에 서 있어야 합니다.

'그가 아들이시면서도 받으신 고난으로 순종함을 배워서 온전하게 되셨은즉'(히 5:8-9). 이 말씀을 다시 생각해 봅시다. 예수님이 고난의 자리까지 붙들려 가심으로, 하나님의 하나님 되심을 완성하십니다. 하나님이 창조하시고 사랑의 대상과 목적으로 삼으신 우리가 하나님의 명예를 훼손하더라도 하나님은 하나님이심을 지상뿐 아니라 지하에서도, 낮뿐 아니라 밤에도 드러내십니다. 그래서 우리에게도 어디까지나 따라오라고 하는 것입니다. 이런 의미에서 순종은 윤리가 아닙니다. 강에 가야 물고기를 낚을 수 있고, 산에 올라야 메아리를 들을 수 있는 것같이, 하나님이 만드시고 인도하시는 우리의 현실과 정황이 우리를 위하여 일을 한다는 것을 알아야 합니다.

이런 정황과 경우를 컨텍스트라고 합니다. 내가 예전에 만났던 일은 무엇이고 그때 나는 어떤 입장이었는지 당시의 컨텍스트 속에서 생각해 볼 수 있습니다. '그때 나는 고등학생이었는데, 학교 가는 길에 교통사고가 나서 사람들이 피를 흘리고 쓰러지는 것을 봤다. 학교는 가야 하는데, 어떡해야 할까?' 그냥 학교로 뛰어가면 안 됩니다. 속으로 걱정하는 것으로는 부족합니다. 최소한 고함이라도 질러 줘야 합니다. '여기 사고 났어요! 사람들이 다쳤어요!' 이런 식으로 우리 인생 속에서 하나님이 우리에게 좀 더 나은 역할을 해보라고, 좀 더 위대한 존재가 되어 보라고, 우리가 놓인 컨텍스트 속에서 우리의 역할이 무엇인지 생각해 보라고 요구하십니다. 문제를 다 해결하라고 부르신 것이 아닙니다. 거기서 무슨 역할을 해야 하는지 생각하라는 것입니다. 다친 사람이 내가 아는 사람인지, 아니면 생판 남인지, 나는 거기서 어떻게 도울 수 있는지 고민해 보라는 것입니다.

예수님이 우리에게 가르치신 것은 '서로 사랑하라'입니다. 서로 사랑하라는 것은 새 계명입니다. 우리가 윤리적으로나 도덕적으로 완벽해져서 새 계명을 주신 것이 아니라 그 전에 주어진 계명이 우리에게는 공포로 여겨졌기 때문에 사랑을 '새 계명'이라고 하는 것입니다. 우리는 두려워서 적대적으로 살았고, 경쟁하며 살았는데, 하나님은 우리에게 이제 사랑하라고 하십니다.

로마서 7장에서는 "내 지체 속에서 한 다른 법이 내 마음의 법과 싸워 내 지체 속에 있는 죄의 법으로 나를 사로잡는 것을 보는도다 오호라 나는 곤고한 사람이로다 이 사망의 몸에서 누가 나를 건져내랴"(롬 7:23-24)라고 절규하는데, 바로 뒤에는 "우리 주 예수 그리스도로 말미암아 하나님께 감사하리로다 그런즉 내 자신이 마음으로는 하나님의 법을 육신으로는 죄의 법을 섬기노라"(롬 7:25)라는 감사가 나옵니다. 23절과 24절에서는 죄와 믿음 사이에서 갈등을 겪고 죄에 잡혀가는 인간에 대해 비명을 지르는데, 25절에서는 예수 그리스도로 말미암아 이 문제가 해결되었다고 합니다.

그런데 25절을 자세히 보면, '죄가 나를 이기지만, 나는 그리스도 예수 안에 있다'라는 식으로 연결하지 않고, '예수 그리스도로 말미암아 하나님께 감사하리로다'라고 결론을 내립니다. 더 나아가 이어지는 로마서 8장에는 "그러므로 이제 그리스도 예수 안에 있는 자에게는 결코 정죄함이 없나니 이는 그리스도 예수 안에 있는 생명과 성령의 법이 죄와 사망의 법에서 너를 해방하였음이라"(롬 8:1-2)라는 선언까지 등장합니다.

구원을 얻으면 '새사람'이 된다고 합니다. 또한 새로운 피조물이라고 합니다. 새로운 피조물이란 새로운 세상에 속한 존재라는 말입니다. '새사람', '새 생명', '새 세상'입니다. 새로운 세상, 즉 '새 세상'이라는 것은 더 이상 사망이 없는 곳을 말합니다. 하나님에게서 분리되고 저주받는 일이 없는 세상이 되었다는 것입니다. 예수가 사망의 자리까지 들어왔기 때문입니다. 더 이상 사망이 있을 수 없습니다. 하나님은 사망의 자리까지 오셔서 통치자가 되십니다. 거기서도 일을 하십니다.

우리에게는 사망의 자리에 가는 일이 빈번합니다. 바울은 '죄와 사망이 나를 구원받은 백성으로서 당연히 해야 하는 일에서 끌어내어 사망의 자리에 처박더라. 오호라 나는 곤고한 사람이로다'라고 고백합니다. 그런데 그 실패까지 일을 한다는 것입니다. 그게 끝일 수 없다, 돌이킬 수 없는 배신이나 반역이나 범죄라도 그것으로 끝나지 않는다, 그것이 운명이 되지 않는다, 더 이상 사망은 없다, 이것이 '새사람', '새 생명', '새 세상'이 갖는 의미입니다.

우리는 잘못을 하면 회개해서 지워 버려야 한다고 생각하지만, 하나님은 '너는 잘못해도 지옥에 가지 않는다. 나는 너를 포기하지 않는다' 이렇게 말씀하시는 것입니다. 이런 말씀을 듣고서 '그럼, 엉망으로 살아도 됩니까?'라고 묻는 것은 명예롭지 않습니다. '그렇게 살면 부끄럽지 않냐?' 하는 답이 따라오는 책임에 관한 문제로 연결할 수 있어야 합니다. 우리의 명예가 무엇인지 알아야 합니다. 인간으로서 품격을 지키는 데 필요한 수치스러움에 대해 알아야 합니다.

동양권에서 가장 센 욕은 '저놈은 부끄러움을 모르는 놈이야. 저놈은 낯짝이 두꺼워'라는 말이라고 합니다. 우리는 운명을 거는 데는 익숙하지만, 존재를 거는 교육은 못 받은 것 같습니다. 나라는 존재의 의미와 가치와 위대함은 나아가는 데 있습니다. 오늘 내가 실패할지라도 나는 포기하지 않을 거야, 하며 나아가야 합니다. 예정된 운명의 자리까지 자신을 스스로 밀고 나갈 수 있는 믿음이 이 약속 속에 있습니다. 그래서 자유를 권리가 아닌 책임으로 누릴 수 있는 것입니다. 그것이 위대함을 아는 지혜와 지식과 실력이며, 현실은 이를 실현할 수 있는 기회입니다.

## 명예와 책임

요한복음 12장을 보면, 명절에 예수님이 예루살렘에 올라가신 일이 나옵니다. 명절에는 유대인들이 다 예루살렘에 올라갔습니다. 그중 헬라인들 몇몇이 따라와서 '우리가 예수를 뵈옵'(21절)고 싶다고 안드레와 빌립에게 이야기합니다. 그러자 예수님이 그 말을 듣고, '인자가 영광을 얻을 때가 왔다'(23절)라고 하십니다. 헬라인은 이방인입니다. 이방인들이 예수를 보려고 한 것은 예수에 대한 소문이 퍼졌기 때문인데, 그 소문은 예수가 죽은 자를 살리시고, 문둥병자를 고치시고, 앉은뱅이를 일으키시고, 오병이어 사건을 베푸신 기적에 관한 것이었습니다. 그래서 그들은 예수를 보고 싶어 했습니다. 그런데 예수의 답은 의외입니다. '인자가 영광을 얻을 때가 왔다'라는 표현으로 당신이 죽으실 것을 말씀하신 것입니다. 이 역설을 꼭 기억해야 합니다.

예수님은 당신의 죽음을 앞두고 이렇게 기도하셨습니다. '내 마음이 괴로우니 무슨 말을 하리요 아버지여 나를 구원하여 이 때를 면하게 하여 주옵소서'(요 12:27). 마가복음에서는 이런 표현이 등장합니다. '내 마음이 심히 고민하여 죽게 되었으니'(막 14:34). 이런 고뇌는 마태복음에도 나옵니다. '이 잔을 내게서 지나가게 하옵소서. 그러나 나의 원대로 마시옵고 아버지의 원대로 하옵소서'(마 26:39). 죽음을 앞두고 이처럼 고민하셨는데, 이 죽음으로 영광을 얻을 때가 왔다는 것입니다.

요한복음에서 예수님은 자신의 죽음을 비유로 표현합니다. '한 알의 밀이 땅에 떨어져 죽지 아니하면 한 알 그대로 있고 죽으면 많은 열매를 맺느니라'(요 12:24). 예수님은 이렇게 자신의 죽음을 한 알의 밀에 비유하셨습니다. 예를 들어 사과씨와 사과는 다릅니다. 우리는 씨를 모아 놓는 것, 씨를 싹틔우는 것, 씨로 팝콘을 만들거나 뻥튀기를 하는 것 외에는 그 이상을 생각할 수가 없는데, 하나님은 씨를 심어 꽃을 피우고 열매를 맺게 하신다고 합니다. 열매는 씨와 다른 것입니다. 예수는 죽으심으로 하나의 씨가 되어서 우리 모두에게 열매를 보이시고, 우리로 그 열매가 되게 하시는 일로 영광을 받으십니다. 이어서 '이 세상 임금이 심판을 받았음이라'(요 16:11)라는 말씀이 나옵니다. 죄와 사망이 왕 노릇하는 세계에서 사망을 쫓아낸 것입니다. '하나님의 일하심에 포기는 없다. 타협은 없다. 실패도 없다' 이런 선언입니다.

이 사실을 안다면 믿지 않는 자들에게 표정을 험하게 짓지 말아야 합니다. '저들도 구원을 받는단 말이야?'라고 하지 말아야 합니다. 그런 구별을 둘 것 없이, '그 일은 하나님에게 맡긴다. 나는 구원을 받았으니 꽃을 피우거나 열매를 맺어야 한다'라는 마음으로 세상을 바라봐야 하고, 그 속에서 한 알의 씨앗이 되어 많은 열매를 맺어야 합니다. 이것을 스스로가 충분히 납득해야 합니다.

로마서 6장 1절은 '은혜로 구원을 얻었으니 마음대로 살아도 되는가?'라는 생각에 대하여 '은혜를 더하게 하려고 죄에 거하겠느냐'라는 반문으로 대답합니다. 하나님이 영광의 길로 우리를 데려왔는데, 공짜로 왔으니까 돌아가서 진흙땅에서 더 구르고 오자고 할 사람이 있겠냐는 말입니다.

책임은 조건으로 작용하는 것이 아니라 목적으로 작용합니다. 은혜는 명예를 아는 자의 선택, 명예를 아는 자의 처신, 명예를 아는 자의 이해로 우리를 끌고 가는 것인데, 명예를 은혜로, 즉 공짜로 받았으니 죄에 거하면 더 큰 은혜가 주어지겠다고 생각하는 것은 나아가야 할 길을 가지 않는 것입니다. 출애굽 한 백성들이 가나안에 가야 하는데, 가나안에 가지 않고 홍해에서 횟집을 하거나 뱃사공 일을 하며 안주하려는 것과 같습니다.

한국 교회는 구원에 대해서도 제자도로 가르쳐 왔습니다. 한국에서는 복음이 대부분 학생 선교 단체를 통해 소개되었기 때문입니다. 이 방법은 전도하기에는 좋지만, 그것으로 개인 존재의 성숙과 위대함을 배우기에는 부족합니다.

C.C.C(Campus Crusade for Christ)는 제2차 세계 대전이 끝나고 1950년대에 미국이 부국으로 성장했을 때, 그 부요함 속에서 아이들이 예수를 안 믿고 교회를 떠나자, 고민 끝에 만들어진 것입니다. 대학교에서 전도 운동을 해서 그 후손들을 다시 교회로 잡아들인 것입니다. 그러니 거기서 말하는 내용은 전부 전도용입니다. C.C.C의 10단계, 네비게이토의

6단계는 전부 예수는 누구신가, 구원이란 무엇인가를 다루면서 복음을 설명하지, 인간의 존재와 그 지위의 위대함과 풍성함에 대해서는 설명하지 않습니다.

당시에는 이런 것에 대해 설명할 수도 없었습니다. 전도 집회를 열어서, 구원으로의 초청에 응하는 사람들에게 주소와 이름을 써 내게 했습니다. 그리고 헌신한 사람들의 명단을 지역 교회에 보냈습니다. 교파를 불문하고 그 사람의 집에서 제일 가까운 교회에 명단을 보내어 교인이 되게 했던 것입니다. 매번 신자의 출생과 기적이 일어나니 사람들이 흥분하는 것은 당연합니다. 그러다 이것이 교회를 대신하는 바람에 오히려 교회와의 관계도 나빠졌고, 심지어 교회도 이 프로그램을 가져다 쓰니 교회가 전도 단체에 불과해지고 말았습니다. 그래도 부흥은 일어났습니다. 그런데 그다음 단계는 제시하지 못했습니다.

도대체 성경이 왜 예수를 믿으라고 하는지, 왜 예수가 와서 죽어야 했는지, 그 죽음으로 무엇을 만들어 냈는지, 우리가 어떤 새로움 속에 있는지를 알아야 합니다. 이제 죽음은 더 이상 힘을 쓰지 못하니 우리가 자라는 수밖에 없습니다. 여기가 우리의 현주소이고, 우리가 속해 있는 자리입니다. 그러니 그 역할을 해야 합니다. 드라마에 배역이 있는 것처럼 교회의 역할이, 개인의 역할이 있습니다.

악역은 안 믿는 사람들이 하는 것입니다. 믿는데 악을 쓰는 역할도 있습니다. 어쩔 수 없습니다. 자기편인데 쓸데없는 사람이 있는 것과 같습니다. 그런데 그게 다 합력하여 선을 이룹니다. 그게 사망을 뒤집어 부활을 만듭니다. 아브라함을 붙잡아 간 하나님은 없는 데서 있는 것을 만드시는 하나님 이고, 망한 것을 뒤집어서 영광으로 만드실 수 있는 하나님 입니다. 그러겠다고 선포하시는 하나님입니다.

인간

4

## 인간의 존재 가치

'기독교는 무엇이 다른가'에 대한 이야기를 계속하고 있습니다. 그중 하나님이 우리에게 요구하시는 지위와 신분은 어떤 것인가에 대해 성육신과 십자가로 설명했습니다. 그리고 성경의 처음으로 돌아가서 '원죄'에 대해 이야기했습니다. 아담이 선악과를 따 먹은 이야기에서 우리에게 가장 궁금한 점은 '하나님은 선악과를 왜 만드셨을까'입니다. '사람이 먹으면 안 되는 열매의 나무를 왜 만들어 두셔서 그런 일이 일어나게 하셨을까? 인간이 어쩔 수 없이 먹었다면 아담을 죽이고, '제2의 아담'을 만들었으면 좋았을 텐데, 그렇게 안 하시고 왜 역사를 계속 유지하실까?' 이것이 우리에게 있는 질문인데, 성경이 하고 싶은 이야기는 하나님은 인간에게 자유와 선택권을 주셨다는 것입니다.

그런데 자유에는 권리만 있는 것이 아니라 책임도 따릅니다. 자유가 없는 사람에게는 책임도 없습니다. 자유가 있는 사람에게는 권리뿐만 아니라 책임도 따라와서 자신의 선택이 초래한 결과에 대해 스스로 책임을 져야 한다는 점을 변명할 수 없게 합니다.

하나님은 우리에게 자유를 허락하셨는데, 그 자유에는 하나님을 거역할 자유까지 포함되어 있다는 것을 앞 장에서 확인했습니다. 그렇다면 하나님을 거역한 자유를 행사한 인류에게는 어떤 책임이 따랐을까요? 영원히 멸망의 길에 서게 되었을까요? 여기서 구원에 대해 생각해 볼 필요를 발견합니다.

구원이란 무엇일까요? 인류가 지은 죄를 하나님이 그냥 지워 버린 것이 아니라, 예수께서 오셔서 하나님과 끊어져 있던 우리를 이끌어 다시 하나님에게 접붙인 것입니다. 그래서 우리에게 생명과 진리가 있게 되었습니다. 하나님은 우리가 그 과정에서 잘못된 선택으로 겪는 일들을 통해 자라기를 바라십니다.

이번 장에서 다룰 내용은 이 책에서 가장 중요한 내용입니다. 로마서 12장을 봅시다.

그러므로 형제들아 내가 하나님의 모든 자비하심으로 너희를 권하노니 너희 몸을 하나님이 기뻐하시는 거룩한 산 제물로 드리라 이는 너희가 드릴 영적 예배니라 너희는 이 세대를 본받지 말고 오직 마음을 새롭게 함으로 변화를 받아 하나님의 선하시고 기뻐하시고 온전하신 뜻이 무엇인지 분별하도록 하라 내게 주신 은혜로 말미암아 너희 각 사람에게 말하노니 마땅히 생각할 그 이상의 생각을 품지 말고 오직 하나님께서 각 사람에게 나누어 주신 믿음의 분량대로 지혜롭게 생각하라 우리가 한 몸에 많은 지체를 가졌으나 모든 지체가 같은 기능을 가진 것이 아니니 이와 같이 우리 많은 사람이 그리스도 안에서 한 몸이 되어 서로 지체가 되었느니라 우리에게 주신 은혜대로 받은 은사가 각각 다르니 혹 예언이면 믿음의 분수대로, 혹 섬기는 일이면 섬기는 일로, 혹 가르치는 자면 가르치는 일로, 혹 위로하는 자면 위로하는 일로, 구제하는 자는 성실함으로, 다스리는 자는 부지런함으로, 긍휼을 베푸는 자는 즐거움으로 할 것이니라 사랑에는 거짓이 없나니 악을 미워하고 선에 속하라 형제를 사랑하여 서로 우애하고 존경하기를 서로 먼저 하며 부지런하여 게으르지 말고 열심을 품고 주를 섬기라 소망 중에 즐거워하며 환난 중에 참으며 기도에 항상 힘쓰며 성도들의 쓸 것을 공급하며 손 대접하기를 힘쓰라 **(롬 12:1-13)**

전통적 기독교 교육에서는 이 말씀에 있는 좋은 단어들을 윤리적 교훈으로 이해해서 '사랑해라', '서로 존경해라', '환난 중에 참아라', '기도에 항상 힘써라'와 같은 명령으로 설명했습니다. 그런 이해에서 "너희는 이 세대를 본받지 말고 오직 마음을 새롭게 함으로 변화를 받아 하나님의 선하시고 기뻐하시고 온전하신 뜻이 무엇인지 분별하도록 하라"(롬 12:2)라는 구절을 읽었을 때 맨 처음 떠오르는 단어는 '거룩함의 완성'일 것입니다.

그런데 이 말씀에는 하나님은 우리를 영웅으로 만들려고 하지 않으신다는 뜻이 들어 있습니다. 우리는 모두 믿음의 영웅이 되고 싶어 합니다. 우리는 잘하면 더 큰 상을 받을 것이라고 생각하는데, 성경은 우리에게 더 나은 능력과 권력을 가지라고 요구하지 않습니다. '마땅히 생각할 그 이상의 생각을 품지 말고 오직 하나님께서 각 사람에게 나누어 주신 믿음의 분량대로'(롬 12:3) 지혜롭게 생각하라고 합니다. 그런데 그 뒤에 열거된 덕목들, '예언이면 믿음의 분수대로, 혹 섬기는 일이면 섬기는 일로, 혹 가르치는 자면 가르치는 일로, 혹 위로하는 자면 위로하는 일로 … 긍휼을 베푸는 자는 즐거움으로 할 것'(롬 12:6-8)이라는 말씀을 조건으로 이해하는 경향이 있습니다.

하나님은 우리에게 더 큰 능력을 가져서 더 위대한 일을 하라고 하지 않고, 지금 우리가 붙잡혀 있는 것 같고, 마음에 불만이 가득한 조건에서 할 수 있는 일을 하라고 하십니다. 더 큰일을 해야 한다는 것이 아니라, 지금 하고 있는 일을 제대로 하라는 것입니다. 업적이나 능력에 따른 결과물을 요구하는 것이 아니라 한 인간이 가져야 하는 성실한 성품을 요구하는 것입니다. 권력과 기능을 요구하는 것이 아니라 인간이라는 존재의 가장 중요한 특징인 온전한 성품을 요구하는 것입니다. 굉장합니다. 사람이면 사람답게 살라는 이야기입니다.

사람답게 사는 예들은 성경 곳곳에 흩어져 있습니다. 에베소서 6장을 보면 종들에게 하는 권면이 나옵니다. '육체의 상전에게 순종하기를 그리스도께 하듯 하라'(5절). 뜻밖의 말씀입니다. 얼핏 읽으면 노예 제도를 인정하는 인권 차별적 요소가 들어 있는 것 같지만, 그렇지 않습니다. 우리가 처해 있는 위치로 신앙의 고급함과 저급함이 나뉘지 않으니, 그 자리에 처한 대로 인간답게 살아야 한다는 내용입니다.

우리가 누구를 존경한다고 할 때는 보통 무엇을 근거로 합니까? 유명한 사람일수록 존경한다는 말을 많이 들으니 우리도 그런 자리에 오르기를 원합니다. 그러나 실제 그 지위에 있는 사람들은 만족하기가 어렵습니다. 우리가 만족하기 위해서는 예수를 믿는 것 외에는 다른 방법이 없습니다.

예수를 믿는다는 것은 인간이라는 존재의 가치를 아는 것입니다. 인간을 인간이라고 말할 수 있는 가치의 근거는 '하나님이 우리를 사랑하신다'라는 사실에 있습니다. 인간은 다른 것으로는 자기의 존재 이유를 찾을 수 없습니다. 우리가 이야기하는 '인간은 생각하는 갈대다', '나는 생각한다. 그러므로 나는 존재한다'라는 말은 인식론에 해당하는 것입니다. 내가 생각하고 있는 걸 보니까 나는 없는 존재일 리가 없다는 것인데, 성경은 존재론에 대해 '하나님이 너를 사랑하시기 때문에 너의 존재는 가치가 있다'라고 이야기합니다. 이 전제를 모르면 막 살 수밖에 없습니다. 그러나 사랑을 받으면 다릅니다. 사랑을 받는 문제에 관해 성경은 더 큰 약속을 이야기합니다. '하나님이 너를 사랑하시는 것은 너도 하나님을 사랑하게 하시기 위함이다.'

## 하나님이 사랑하시는 대상

'계명 중에 가장 큰 계명이 무엇입니까?'라는 율법사의 질문에 예수님이 답하십니다. '주 너의 하나님을 사랑하고 또한 네 이웃을 네 자신 같이 사랑하라'(눅 10:27). 사랑은 상대가 있어야 성립됩니다. 상대가 있어야 한다는 것은, 혼자서는 할 수 없다는 것입니다. 노래를 혼자 부르지 않고 둘 이상이 같이 부를 때 '화음'이라는 것이 생깁니다. 화음은 둘이 별개의 소리를 내는데도, 둘 사이의 벌어진 차이가 예술로 채워지는 것을 말합니다. 사랑이 이와 같습니다. 신이 인간을 사랑한다는 것은, 사랑을 주고받는다는 의미보다 더 큽니다. 신이 인간과 사랑을 나눔으로써 신이 인간의 자리에, 인간이 신의 자리에 간다는 의미에서 더 나아가 관계의 문제인 것입니다. 이 사실은 놀랍습니다.

　하나님은 당신에게 죄지은 자들에게까지도 사랑을 베푸시는 분이라고 합니다. 히브리서 5장 8-9절, '그가 아들이시면서도 받으신 고난으로 순종함을 배워서 온전하게 되셨'다는 말씀은, 예수님은 원치 않으셨지만 아버지의 뜻에 순종함으로써 하나님을 완벽하게 드러내셨다는 말씀입니다. 그 전에는 없는 데서 있는 것을 창조하셨다면, 이제는 망한 것을 부활로 뒤집으신 것입니다. 우리 생각에는 망한 것을 뒤집을 바에야 새롭게 하나를 만드는 게 더 쉬운데, 왜 망한 것을 뒤집는지 의아합니다. 또 창조가 완벽하다면 망하는 것이 없어야 하는데, 망하고 부활을 등장시켜 망한 것을 뒤집는다고 하니 말입니다. 이는 창조에 부족함이 있어서가 아니라, 우리가 하나님의 명령을 거슬렀기 때문입니다. 하나님 없는 자리를 만든 것입니다.

죄지은 인간들이 하나님과의 관계에서 끊어져 모든 자연 세계가 저주 아래 있게 되었는데, 죄인 된 인간이 가게 된 사망의 자리에 예수께서 들어가시는 것입니다. 예수의 죽음은 단지 소멸이 아니라, 죄로 인해 하나님과 끊어진 그 자리에 신이 들어오심으로써 자신이 어떤 신인지를 보여 주는 것입니다. 자기의 말을 듣는 곳뿐만 아니라 자기의 말을 듣지 않은 자리에까지 오셔서 '그곳도 내 품 안에 있고, 내가 다스리는 곳이다. 내 통치와 내 뜻에서 벗어날 수 있는 것은 없다'라고 하십니다.

이것은 우리가 구원을 받았을 때 '난 죄 사함을 받았으니 지옥이 아니라 천국에 간다'라고 말하는 정도가 아니라, '나를 구원하신 하나님은 나를 창조하신 분이고, 그분은 나에게 하나님이 사랑하시는 대상다운 존재가 될 것을 요구하시는데, 이 하나님은 우리의 무지와 거부와 반역에도 불구하고 최초의 약속을 이루기 위하여 차마 신이 들어올 수 없는 자리에까지 들어오신 분이다'라고 말하게 합니다. 빌립보서 2장 5절 이하의 말씀을 예로 들어 보겠습니다.

그는 근본 하나님의 본체시나 하나님과 동등됨을 취할 것으로 여기지 아니하시고 오히려 자기를 비워 종의 형체를 가지사 사람들과 같이 되셨고 사람의 모양으로 나타나사 자기를 낮추시고 죽기까지 복종하셨으니 곧 십자가에 죽으심이라 이러므로 하나님이 그를 지극히 높여 모든 이름 위에 뛰어난 이름을 주사 하늘에 있는 자들과 땅에 있는 자들과 땅 아래에 있는 자들로 모든 무릎을 예수의 이름에 꿇게 하시고 모든 입으로 예수 그리스도를 주라 시인하여 하나님 아버지께 영광을 돌리게 하셨느니라 **(빌 2:6-11)**

하나님의 영광은 권력이나 승부나 잘잘못에 대한 관점에서 비롯한 개념이 아닙니다. 하나님은 창조주로서 창조 세계와 당신의 형상으로 만든 인간들과 넘쳐 나는 사랑을 나누기 위하여 자신을 낮추시고 세상에 뛰어들어 오시는 분입니다. 그래서 결국 무엇을 이루시는 것일까요? 우리로 당신의 영광의 찬송이 되게 하시는 것입니다. 여기서 찬송은 단지 숭배하고 높이는 행위를 말하는 것이 아니라, 하나님이 완성하신 창조주의 지위가 너무 놀라워서 이 세계를 만드신 분은 굉장한 분이라고 여기게 되는 것입니다. 이렇게 하나님이 우리를 통하여 당신의 영광을 증명받고 보상받겠다고 하십니다.

## 인간의 이해와 자라남

'나는 이제 지옥에 가지 않고 천국에 간다'라는 말은 이제 갓 믿게 된 대여섯 살짜리 신자가 하는 말입니다. 잘못된 것이 아니라, 배워 가는 단계에 있는 것입니다. 그렇게 어린 시절을 지납니다. 어릴 때는 예쁩니다. 그때 잘 자라야 합니다. 잘 자라면서 철이 들어야 하고 마침내 충만한 자리로 인도되어야 합니다. 이런 사실을 이해하지 못하면, 치성을 들여 보상받는 것이 전부인 그릇된 신앙 세계에 머무르게 됩니다.

우리 마음에 늘 불편함이 있는 가장 큰 이유는 우리 스스로가 완벽하지 않다는 사실을 알기 때문입니다. 윤리, 도덕과 신앙을 다 동원해도 순도 백 퍼센트의 마음을 가질 수 없다는 사실을 통해 알게 됩니다. 기도하는 중에도 자꾸 딴생각이 나고, 잠자리에 누워서는 오늘 더 잘할 수 있었던 기회를 놓쳤다는 후회가 우리를 괴롭힙니다. 그런데 그러는 중에 우리는 자라나고 있습니다.

축구 경기를 보면 선수들이 90분 내내 헐떡거리며 뛰어도 점수는 0 대 0인 경기가 수도 없이 많습니다. 슛을 안 날려서도 아니고, 대충 뛰어서도 아닙니다. 열심히 뛰었는데, 점수가 안 나오는 것입니다. 거기서 무엇을 배울까요? 스포츠에서 상대를 이기기 위해서는 상대보다 더 잘 준비되어 있어야 한다는 것을 배웁니다. 당연히 체력과 기술이 상대보다 더 좋아야 합니다. 그런데 시합을 해 보면 정신력이 더 중요하다는 것을 알게 됩니다. 정신력은 체력과 기술보다 더 큰 조건입니다. 그다음에는 무엇이 있어야 할까요? 운이 따라야 합니다. 인간이 할 수 없는 영역이 있고, 우리의 기대와는 다르게 작용하는 현실이 있다는 것을 인정해야 합니다.

우리가 모든 것을 좌우하지 못한다는 사실을 아는 것이 인간이 자기 자신을 이해하는 데에 있어 가장 기본이 되는 전제입니다. 그것이 우리를 변명하게 할 수도 있고 체념하게 할 수도 있지만, 목표물을 향해 쏴야 명중되지 아무 데나 쏘고 운이 좋기를 바랄 수는 없습니다. 이것을 안다면, 운은 실력에 비례한다는 것을 알게 되고, 운이 없을 때는 정신력을 키우는 수밖에 없다는 식의 이해가 생기게 됩니다.

신앙생활을 하면서 또는 사역을 감당하면서 자신이 부족하고 불안하다고 느낄 때 가져야 하는 최고의 덕목은 자신의 한계를 인정하는 것입니다. 그렇다고 설교할 때 자신의 한계를 설명하려 들지 마십시오. '이번 설교는 준비하는 동안 내내 괴로웠습니다. 어쩌면 그렇게 잡생각이 많이 드는지, 제가 얼마나 쩔쩔맸는지 모릅니다' 이런 이야기는 하지 말고, 마치 기도원에 가서 일주일 내내 금식하고 온 것같이 진지하게 설교하십시오. 자기의 책임을 성도들에게 떠넘기지 마십시오. '잘하고 싶었는데, 그럴 조건이 안 돼서 준비를 잘 못했으니 설교가 이상하더라도 나보고 뭐라 그러지 마라'와 같은 식의 변명은 하지 마십시오. 성도들이 이상한 눈으로 보거든, '말을 못 알아듣는구먼' 하는 표정으로 넘어가면 됩니다. 그리고 다음에는 더 잘하십시오.

솔직하고 정직한 것은 좋지만 그것으로 변명하고 책임을 떠넘기면 안 됩니다. 할 수 있는 데까지 하고, 그 한계로 생긴 불만이 있다면 다음에는 더 잘하게 노력하면 되는 것이지, 거기서 멈춰 버리면 안 됩니다. 잊지 마십시오. 말씀에 나온 대로, 우리에게 있는 능력 그 이상을 요구하지 않으시고 영웅을 만들려는 의도가 없으신 하나님의 창조와 구원을 기억하십시오. 하나님은 우리에게 사랑의 관계를 요구하십니다. 성경은 신앙의 성장을 위해 요구되는 것에 대해 이런 식으로 권면합니다. 에베소서 5장을 봅시다.

그러므로 사랑을 받는 자녀 같이 너희는 하나님을 본받는 자가 되고 그리스도께서 너희를 사랑하신 것 같이 너희도 사랑 가운데서 행하라 그는 우리를 위하여 자신을 버리사

향기로운 제물과 희생제물로 하나님께 드리셨느니라 음행과 온갖 더러운 것과 탐욕은 너희 중에서 그 이름조차도 부르지 말라 이는 성도에게 마땅한 바니라 누추함과 어리석은 말이나 희롱의 말이 마땅치 아니하니 오히려 감사하는 말을 하라 너희도 정녕 이것을 알거니와 음행하는 자나 더러운 자나 탐하는 자 곧 우상 숭배자는 다 그리스도와 하나님의 나라에서 기업을 얻지 못하리니 누구든지 헛된 말로 너희를 속이지 못하게 하라 이로 말미암아 하나님의 진노가 불순종의 아들들에게 임하나니 그러므로 그들과 함께 하는 자가 되지 말라 너희가 전에는 어둠이더니 이제는 주 안에서 빛이라 빛의 자녀들처럼 행하라 빛의 열매는 모든 착함과 의로움과 진실함에 있느니라 주를 기쁘시게 할 것이 무엇인가 시험하여 보라 너희는 열매 없는 어둠의 일에 참여하지 말고 도리어 책망하라 그들이 은밀히 행하는 것들은 말하기도 부끄러운 것들이라 그러나 책망을 받는 모든 것은 빛으로 말미암아 드러나나니 드러나는 것마다 빛이니라 그러므로 이르시기를 잠자는 자여 깨어서 죽은 자들 가운데서 일어나라 그리스도께서 너에게 비추이시리라 하셨느니라 (엡 5:1-14)

성경에서 말하는 이런 권면에 대해 우리는 자칫 윤리적인 명령으로 오해하기 쉽습니다. '정직해라', '겸손해라'와 같은 명령으로 받아들일 수 있는데, 여기서는 신자의 성품에 대해 말하고 있습니다. 인성과 성품에 관한 문제이지, 윤리적으로 정직하게 행하기만 하면 된다는 그런 간단한 문제가 아닙니다. 이것은 인간 존재의 가치가 명예에 있음을 가르쳐 줍니다. 그러니까 업적이나 지위나 권력에 관한 것이 아니라 신자의 존재에 관한 것입니다.

**사랑을 연습하는 삶**

하나님은 우리를 사랑의 대상으로 삼으셨고, 하나님이 우리에게 요구하시는 것도 첫째는 하나님 사랑, 둘째는 이웃 사랑입니다. 하나님을 사랑하라는 명령은 알겠는데, 이웃을 사랑하라는 명령은 감을 잡기가 어렵습니다. 그래서 한 율법사가 '누가 내 이웃입니까' 하고 예수님에게 묻자, 예수님이 선한 사마리아인 비유를 들려주십니다. 한 사람이 예루살렘에서 여리고로 내려가다가 강도를 만나서 짐을 다 뺏기고 거의 죽게 되었습니다. 그 옆을 제사장도 지나치고 레위 인도 지나쳤는데, 사마리아인만 지나가다가 그를 보살펴 줍니다. 다른 이들은 그 사람을 도와줄 책임이 없다고 생각한 것입니다. 그런데 사마리아인은 누가 이 강도를 만난 사람의 이웃인지, 이웃이라면 이럴 때 어떻게 사랑을 베풀어야 하는지를 보여 줍니다.

사랑이란 고린도전서 13장에서 말하듯, 환상이 아니고, 천사의 말을 하는 게 아니고, 산을 옮기는 능력도 아니고, 자기 몸을 불사르게 내어 주는 것도 아닙니다. 사랑은 오래 참는 것입니다. 오래 참는다는 것은 상대방을 존중하는 것입니다. 상대를 잘잘못으로 꾸짖지 않고 이해관계로만 대하지 않고 존재 자체로 존중하는 것입니다. 그래서 사랑은 모든 것을 믿고 바라고 견딥니다. 믿고 바라고 견디는 것은 하나님의 사랑이 그렇기 때문입니다.

부모가 자녀를 기르는 것은 자녀에게 보상받기 위해서가 아니라 부모에게 있는 본능 때문입니다. 부모는 자녀를 사랑합니다. 자녀에게 보답을 요구하지 않습니다. 그저 자기 자녀가 잘되기를, 그들이 자기들의 자녀는 잘 키우기를 바랄 뿐입니다. 그때 비로소 사랑을 압니다. 자녀를 기르면서 사랑을 하게 되고, 사랑을 함으로써 사랑을 알게 됩니다.

하나님이 우리에게 요구하시는 것은 무엇입니까? '너희

가 나를 사랑한다면, 네 이웃을 사랑해라'입니다. 일상 속에서 매일 해야 하는 일입니다. 하나님이 육신으로 오시고, 십자가에 달려 돌아가셔서 우리를 구원하셨습니다. 십자가로 우리의 구원을 다 이루셨음에도, 여전히 구원의 목적과 완성을 위하여 죄와 사망이 왕 노릇 하는 컨텍스트에 우리를 두시고 거기서 기르십니다. 그 속에서 증오와 폭력과 더러움과 수치를 이겨 내라고 하십니다. 이 싸움은 어렵습니다. 우리는 왜 이런 갈등 구조 속에 놓일까요? 사랑이란 갈등, 폭력, 수치, 더러움 같은 것들을 극복해 내는 것에서 시작하여 여러 지난한 과정을 거쳐 그 이상으로 가는 것이기 때문입니다. 그래서 어렵습니다. 그런데 하나님이 그 과정을 우리에게 요구하십니다. 성경에 이런 요구가 많은 이유입니다.

갈라디아서 5장에서는 육체의 일과 성령의 열매를 비교하면서 성령의 열매를 이렇게 소개합니다. '성령의 열매는 사랑과 희락과 화평과 오래 참음과 자비와 양선과 충성과 온유와 절제니'(갈 5:22-23). 이런 것들은 다 성품에 관한 것이지, 수단이나 방법이나 주문이 아닙니다. '저는 겸손한데, 저 사람은 교만해요' 이렇게 표현할 수 없는 문제입니다.

사람이 결정을 내리고, 본인의 자리에서 역할을 하는 데에는 저마다 다른 사정들이 있습니다. 매 경우에 시험을 받고 있습니다. 우리는 하루에 만 번쯤 자잘한 선택을 할 것입니다. 그때마다 본인의 습관이나 실력대로 할 텐데, 한 번씩 정신을 차리게 되면 '아, 아까 그 말보다 좀 더 좋은 말을 해 줄걸 그랬다' 싶은 순간이 떠오릅니다. 야박하게 군 것, 인사 한번 제대로 못 한 경우가 그렇습니다. '안녕하세요'에 '반갑습니다', '건강하세요'라고 한마디 붙이는 데 십 년쯤 걸릴 수도 있습니다. 그런데 하면 할수록 실력이 늡니다. 그다음에는 대화를 나누게 됩니다. '안녕하세요. 반갑습니다' 다음에 욕지거리가 나올 수는 없는 법입니다. 그런데 인사도 없이 고개를 휙 돌리고 가 버리면, '넌 사람도 안 보이냐'와 같은 말이 뒤통수에 날아와 꽂힙니다. 우리가 상대의 존재를 존중해 주지 않으면 그 상대는 화를 내는데, 이는 모두가 자신의 결핍을 느끼고 있으나 그 결핍을 채울 수 없는 세상에 있기 때문입니다.

우리는 이것을 알고 있습니다. 생명에서 끊어져 있기에 더욱더 생명에 대해 갈증을 느끼고 있는 사람들 속에서 우리는 나무에 붙어 있는 가지로서 싹을 틔우고 꽃을 피워야 합니다. 먼저 태도에서 그래야 합니다. 태도를 결정하는 것은 성품입니다. 처음부터 바로 되지 않으니 의도적으로라도 자주 노력해야 합니다. 자주 연습해서 기회가 있을 때마다 해

보아야 합니다. 성경은, 하나님이 우리에게 무엇인가를 선택할 수 있는 권리인 자유를 준 이유에 대해 우리로 명예를 선택하도록 하기 위해서였다고 합니다. 잘함과 잘못함을 가려내어 보상을 선택하는 것이 아니라 무엇이 명예로운지, 무엇이 영광스러운지를 생각하고 그것을 선택하는 권리입니다. 이는 잘한 것은 그 자체로 귀하고 복된 것일 뿐 결과물로 보상받는 것이 아님을 보여 줍니다.


## 교회 다니는 멋진 사람

우리는 죄를 안 짓는 것을 최선으로 생각하지만, 죄를 안 짓는 것은 당연한 것입니다. 성경은 다만 죄를 안 지을 뿐인 삶을 넘어서 잘하는 데까지 오라고 합니다. 잘하는 수준에 이르기 위해서는 매일 만나는 이웃을 존중하는 일부터 시작해야 합니다. 이것은 아무나 하지 못합니다.

요즘 동네에서 많이 보는 광경은 사람들이 강아지와 산책하는 모습입니다. 사람보다 강아지와 산책하는 사람이 더 많은데, 왜 그럴까요? 강아지는 반가움을 잘 표현하기 때문입니다. 강아지가 사람을 반가워하니까 다들 강아지를 좋아

합니다. 우리는 다 반가움에 목말라 있습니다. 자기를 반가워해 주는 상대를 가장 목말라하는데, 우리 자신부터 상대에게 먼저 반가운 사람이 되어 주어야 합니다. '왜 내가 먼저 굽혀야 해?'와 같은 생각을 버려야 먼저 반가워할 수 있습니다. 내가 먼저 손 내밀 수 있는 근거는 이것입니다. '나는 하나님에게 사랑받는 존재이기 때문이야.'

명예에 관한 최소한의 이해가 없으면 신앙생활을 연습할 수 없습니다. 매일 반복되는 만남과 관계 속에서 연습해야 합니다. 일상 속 현실에서는 신앙을 실천하지 못하고, 명분이 또렷이 주어진 곳에서만 신앙 행위를 한다는 것은 하나님이 우리에게 요구하신 명예와 허락하신 자유를 어떻게 사용하고 책임져야 하는지 모르는 것입니다.

우리는 '욕심'에 대해서 '세상적이고 헛된 탐심으로 도덕적 기준에 미달하는 마음'이라고 생각하는데, 저는 욕심이란 자신의 비전을 앞세우는 것이라고 생각합니다. 하나님이 요구하시는 것보다 자신의 비전이 앞서는 것은 하나님이 그것을 원하신다고 내가 오해하기 때문입니다.

땅끝까지 가서 복음을 전하는 것이 임무로 주어진 사람이 물론 있습니다. 그것이 소명이면 선택의 여지가 없지만, 그것만이 최고의 임무이고 일상은 아무것도 아니라고 여긴다면 잘못된 생각입니다. 결국은 그 두 가지가 모두 한 인간으로서 가지는 최고의 명예를 누리는 데에 사용되어야 하기 때문입니다. 그것은 사랑으로 드러납니다. 사랑은 조건이 없는 것이고, 이 모든 것을 나누어 주는 것인데, 실력이 없이는 사랑을 할 수가 없습니다. 상대가 나를 미워할 때는 더더욱 어렵습니다. 그러나 예수님은 십자가에서 그것을 이루셨습니다. 예수를 죽이라고 외치는 자들을 위하여 예수님은 자신을 내어 주셨습니다. 우리도 예수님이 가신 자리까지 이르도록 노력해야 합니다.

틀린 자를 잡아내어 자기를 확인하지 마십시오. 다른 종교를 비난해서 기독교를 증명하려고 하지 말고, 안 믿는 이들에게 '나는 믿었기 때문에 천국에 간다'를 증명하려고 하지 마십시오. 우리가 죽어서 천국에 갈 존재라면, 지옥에 갈 수밖에 없는 사람들보다 더 나은 존재라는 것을 우리의 삶을 통해 증명해야 합니다. 그것은 인간성으로 드러납니다. 여기서 인간됨은, 하나님이 만드신 인간이 지니는 가치를 말합니다.

하나님은 왜 인간에게 당신을 거절할 자유까지 주셨을까요? 사랑에는 자발성이 있어야 하기 때문입니다. 자유가 없으면 사랑과 믿음은 강요되고, 그때부터 사랑은 굴종으로 변합니다. 그렇게 할 수는 없기 때문에 하나님은 우리에게 이 위험한 길을 허락하신 것입니다.

예수를 믿는다는 것이 가지는 명예와 책임이 무엇인지, 반복되는 일상에서 우리가 우리의 역할에 어떻게 도전해야 하는지를 안다면, 하루하루를 허투루 살 수 없습니다. 이것을 기억하십시오. 살면서 이런 말들을 많이 들어 보셨을 것입니다. '예수 믿는 사람들은 말이 많아.' 그런데 '예수 믿는 사람은 정말 멋있더라' 이런 말을 들어 본 적은 별로 없을 것입니다. '교회 다니는 사람들은 참 멋있구나.' 세상 앞에서 교회가 들어야 하는 칭찬입니다. 갈라디아서 5장 13절입니다.

> 형제들아 너희가 자유를 위하여 부르심을 입었으나 그러나 그 자유로 육체의 기회를 삼지 말고 오직 사랑으로 서로 종 노릇 하라 온 율법은 네 이웃 사랑하기를 네 자신 같이 하라 하신 한 말씀에서 이루어졌나니 만일 서로 물고 먹으면 피차 멸망할까 조심하라 (갈 5:13-15)

이 다음에 육체의 일과 성령의 열매에 대한 구분이 나옵니다. 그러니 이 자유의 선택권은 명예로서 주어지는 것임을 기억해야 합니다. 육체의 일은 생존 경쟁에서 파생된 결과물에 불과한 것이고, 성령의 열매는 인간이라는 존재의 아름다움에 관한 것입니다. 누구를 존경하는 것은 그에게 권력이 있어서가 아닙니다. 권력 앞에서 고개를 숙인다고 해도 그것은 그 권력자를 존경해서가 아니라 그에게 굴복하여 이익을 얻기 위함입니다.

존경은 언제나 멋진 인간다움에 따라오는데, 인간다움의 첫째 조건은 용서입니다. 용서 또한 사랑에 속하는 것입니다. 용서, 겸손, 관용이라는 것은 사랑이라는 본문 속에 있는 조각들입니다. 그러니 용서하고 겸손하고 관용을 베풀어야 합니다. 그리고 예수께서 이루신 구원이 만들어 낸 새로운 질서를 돌아봐야 합니다.


## 새 질서

예수께서 우리에게 십자가로 베푸신 구원은, 지옥에 갈 우리의 운명을 천국에 가도록 바꿔 놓은 정도의 사건이 아닙니다. 성경은 이 구원에 대해 새롭다는 의미가 담긴 단어들 즉, 새 세상, 새 계명, 새사람으로 표현합니다. 이 새로운 질서 속으로 들어온 신자에게는 어떤 현실이 기다리고 있을까요? 로마서 7장과 8장의 말씀으로 확인해 봅시다.

> 그러므로 내가 한 법을 깨달았노니 곧 선을 행하기 원하는
> 나에게 악이 함께 있는 것이로다 내 속사람으로는 하나님
> 의 법을 즐거워하되 내 지체 속에서 한 다른 법이 내 마음
> 의 법과 싸워 내 지체 속에 있는 죄의 법으로 나를 사로잡
> 는 것을 보는도다 오호라 나는 곤고한 사람이로다 이 사망
> 의 몸에서 누가 나를 건져내랴 (롬 7:21-24)

> 그러므로 이제 그리스도 예수 안에 있는 자에게는 결코 정
> 죄함이 없나니 이는 그리스도 예수 안에 있는 생명의 성령
> 의 법이 죄와 사망의 법에서 너를 해방하였음이라 (롬 8:1-2)

로마서 7장 21절 이하의 고백은 8장에 나온 선언과 다릅
니다. 7장에서는 언제나 죄가 이긴다고 합니다. 그런데
8장 1절부터는 '그러므로 이제 그리스도 예수 안에 있는 자
에게는 결코 정죄함이 없나니 … 생명의 성령의 법이 죄와
사망의 법에서 너를 해방하였음이라'라고 선언합니다. 예수
안에 있는 자에게는 결코 정죄함이 없습니다. 그럼에도 내
내 권면을 받고 자라 가야 합니다. 학교에 가면 학칙이 있습

니다. 학칙은 학생이 잘못하면 죽이려고 규정해 둔 법이 아닙니다. 학칙은 학생들로 공부를 잘하게 하려고 만든 것이지, 학생들을 살리거나 죽이려고 만들어 둔 것이 아닙니다. 이것이 예수님이 만든 '새 세상'입니다.

우리 마음속에서는 예수를 따르려는 마음과 죄를 짓고 싶어 하는 본능이 서로 충돌하고 있다고 합니다. 이 충돌은 앞절에서 보듯 "오호라 나는 곤고한 사람이로다 이 사망의 몸에서 누가 나를 건져내랴"(롬 7:24)라는 절규 속에서 '우리 주 예수 그리스도로 말미암아 하나님께 감사하리로다'(롬 7:25)라는 답을 내는데, 그 답은 놀랍게도 '그런즉 내 자신이 마음으로는 하나님의 법을 육신으로는 죄의 법을 섬기노라'(롬 7:25)라는 갈등을 해소하지 못합니다. 그러면 어떻게 해야 한다는 말입니까? 8장 1-2절을 보면, 생명의 성령의 법이 죄와 사망의 법에서 우리를 해방한다고 합니다. 죄와 사망의 법이 생명의 성령의 법 아래로 들어가는 것입니다. 우리는 비록 곤고한 사람이며 죄에 붙들려 있지만, 이 질서 속에 있기 때문에 생명의 성령의 법으로 다스림을 받습니다. 잘못했는데도 덮어놓고 잘했다고 하는 것이 아니라, 잘못하더라도 운명이 바뀌지 않으며 좋은 곳으로 인도받는 세계에 들어와 있다는 것입니다. 자녀가 최악의 잘못을 저

질러도, 부모는 자기가 대신 죽을지언정 자녀를 죽이지 못합니다. 이것이 새 세상입니다. 예수를 믿으면 신자는 이 질서 속에 들어옵니다. 고린도전서 15장입니다.

> 사망아 너의 승리가 어디 있느냐 사망아 네가 쏘는 것이 어디 있느냐 사망이 쏘는 것은 죄요 죄의 권능은 율법이라 우리 주 예수 그리스도로 말미암아 우리에게 승리를 주시는 하나님께 감사하노니 그러므로 내 사랑하는 형제들아 견실하며 흔들리지 말고 항상 주의 일에 더욱 힘쓰는 자들이 되라 이는 너희 수고가 주 안에서 헛되지 않은 줄 앎이라
>
> **(고전 15:55-58)**

우리는 자라며 신앙의 성숙을 이루어 가는 과정에서 많은 실패와 절망을 겪지만, 그것으로 인생이 끝나지 않는다고 합니다. 예수로 말미암아 승리를 얻습니다. 이것이 하나님의 의지입니다. 에베소서 1장에서 보듯, '그리스도 안에서 우리에게 거저 주시는 바 그의 은혜의 영광을 찬송하게 하려는 것'(6절)입니다. 지은 죄를 면하여 주는 정도가 아닌, 은혜가 죄를 해소하는 영광의 자리까지 우리를 끌고 갈 것입니다. 이것이 성경이 말하는, 예수 그리스도로 말미암는 구

원입니다. 그러니까 이에 대해 로마서 6장은 '어쩌란 말이냐'라는 질문으로 이어 갑니다. 이런 순서로 읽으면 금방 이해가 될 것입니다.

> 그런즉 우리가 무슨 말을 하리요 은혜를 더하게 하려고 죄에 거하겠느냐 **(롬 6:1)**

이 말씀은 '우리가 잘못해도 당장 지옥에 가지 않고 잘못한 것이 우리의 영원한 운명이 되지 않고, 그 모든 것에도 불구하고 결국 영광의 자리에 갈 것인데, 은혜를 더하게 하려고 죄에 거하겠느냐, 은혜를 더 받으려고 치사하게 살겠느냐? 은혜는 명예를 위해서 준 것인데 명예를 얻기 위해서 치사해져도 된다는 거냐?' 이렇게 묻는 것입니다. 자유의 선택권은 명예로 주어진 것입니다. 하나님이 누구신지, 우리에게 무엇을 의도하고 계신지, 그렇다면 나는 어때야 하는지를 잊지 말아야 합니다.

모든 선택은 자유를 가지고 하는 것인데, 대개 명예와 수치 사이에서 선택하게 됩니다. 우리는 잘한 것과 못한 것, 천국과 지옥, 이처럼 양자택일의 선택지만 있다고 생각합니다. 그래서 잘못하면 공포에 떨어야 하고 어떻게 죄를 씻을지 걱정하는데, 성경은 '네가 잘못했을 때는 그게 어떤 일인지 스스로에게 묻고 부끄러워해라. 그 잘못이 너를 명예로운 길로 더 나아가게 만들어라. 지워 버려서 맘 편해지려고 하지 마라' 이렇게 말씀합니다.

우리는 자신의 신앙생활이 도무지 만족스럽지가 않습니다. 갈등이 해소되기만을 바라기 때문입니다. 마음에 자책감이나 실패로 인한 절망감이 없어지기를 바라서 불안해하는 것입니다. 성경이 이야기하는 대로, 우리는 '오호라 나는 곤고한 사람이로다'라며 절규하는 현실을 매일 겪지만, 그것은 우리를 분발하게 하고, 우리로 명예에 민감하게 하고, '그 실수가 너를 잡아먹지는 못한다'라는 것을 알려 줌으로써 우리에게 '내일은 더 잘할 거야' 하는 마음을 갖게 합니다. '마음이 떨려요. 불안해요'라고 징징대는 것으로 얼버무리고 만족과 평안만을 구하면 앞으로 더 나아가지 못합니다. 자신의 한계와 부족을 감수해야 합니다. 감수한다는 것은 그 한계를 안고 하루의 책임을 다하는 것입니다. 어제의 잘못을 지우느라 오늘을 살지 못하면 안 됩니다.

## 명예로운 자리로 나아감

테니스 선수 중에 노박 조코비치라는 선수가 있는데, 처음에는 그가 얼마나 위대한 선수인지 사람들이 알아보지 못했습니다. 유명한 스페인 선수 라파엘 나달과 스위스 선수 로저 페더러가 우승을 놓고 각축을 벌이던 때, 조코비치가 나와서 삼파전이 됩니다. 우리나라의 정현 선수가 한창 잘나가던 시절, 호주 오픈에서 조코비치를 꺾은 적이 있었습니다. 경기가 끝나고 취재진이 조코비치에게 팔꿈치 부상이 다 회복되지 않았는지를 묻자, 조코비치는 "내 부상에 관해 이야기하고 싶지 않다. 그것은 정현의 승리를 깎아내리는 것이다"라고 했습니다. 그런 식으로 승자를 폄하하지 말라고 한 것입니다.

언젠가 윔블던 결승에서 조코비치가 페더러와 맞붙었는데, 페더러에게는 윔블던에서 통산 아홉 번째 우승을 바라볼 수 있는 기회여서 매우 중요한 경기였습니다. 페더러는 여기서 이기면 역대 최다 우승자가 될 수 있었습니다. 마지막 세트에서 6 대 6이 되어 연장 게임을 계속하다가 12 대 12쯤 갔습니다. 그러다 여러 번의 매치 포인트 위기를 넘기고 조코비치가 결국 이겼는데, 사실 그 게임은 조코비치에게 굉장히 불리했습니다. 모든 관중이 페더러의 편을 들어서 조코비치가 점수를 따면 모두 야유를 보내고, 페더러가 점수를 따면 모두 좋아서 일어나 환호성을 지르는 분위기였기 때문입니다. 조코비치가 그런 게임에서 이긴 것입니다. 기자가 조코비치에게 우승 소감을 묻자 이렇게 답했습니다. "이런 예술을 승패로 결론짓는다는 것은 얼마나 비겁합니까?" 멋있는 말입니다. 마지막 세트를 12 대 12까지 끌고 간 게임을 승패로만 결론짓는다는 것은 비극입니다. 경기를 본 모든 이들에게 굉장한 인사이트를 주었기 때문입니다.

우리는 예수를 믿는다는 것이 얼마나 명예로운 일인지를 잘 모릅니다. 결벽을 떨어서 죄짓지 않고 마음에 가책이 없기만을 바랄 뿐, 명예를 향해 더 나아가려고 하지 않습니다. 하나님이 하나님 되심의 영광을 십자가로 증명하셨다는 사실을 현실에서는 도무지 이해하지도 연결하지도 못하고 있습니다. 아마도 목사들 책임이 큰 것 같습니다.

자유가 자기 역할을 하게 해야 합니다. '네가 어떤 존재인지, 어떤 질서 속에 놓였는지 아느냐. 하나님이 너와 사랑을 주고받기를 원하고 있다. 하나님이 너를 그 수준에 이르도록 만들기 위해 도전과 위협과 시험이 끊임없이 있는 거다. 거기서 멋진 사람이 되어 봐라.' 이것이 인생입니다.

축구장에 가면 축구를 하십시오. 농구 선수가 되면 농구를 하십시오. 심판이나 해설을 하지 말고 직접 뛰는 선수가 되라는 것입니다. 목사가 되면 크게 오해하는 것이 있습니다. 목사는 설교하고 신앙을 가르치는 입장에 있기 때문에 언제나 해설을 하려 듭니다. 자신의 인생을 선수로 뛰십시오. 가정과 교회에서 경기자로 뛰십시오. 말로만 하는 것이 아니라 실제로 경기를 해야 합니다. 교회에는 마음에 안 드는 사람, 다른 생각을 가진 사람이 있기 마련입니다. 모든 인생이 그렇습니다. 이런 불편함 속에서 우리는 자기 책임을 져야 합니다. 다들 책임을 질 줄 몰라서 쓸데없는 조건들로 핑계를 삼고, 멋진 태도와 실력을 기르지 못하는 것입니다.

교역자로서는 이런 자책감으로 쩔쩔매는 사람들이 제일 어렵습니다. 그들은 자기 스스로 만든 결벽증에 빠져 있어서 늘 우울해하기 때문입니다. 그러니 그들을 일으켜 세울 방법이 없습니다. 이것이 한국 교회에는 잘 소개되지 않았습니다. 아무도 그 말을 해 준 적이 없고, 가르쳐 준 적이 없습니다. 어려움이 생기면 우리가 무엇을 잘못했기 때문이라고 여기고 그걸 빨리 해소해야 평화가 돌아온다고 하는 바람에 인생이 긴장 속에 있다는 것을 잊고 삽니다. 내가 잘하면 평안이 지속되고 늘 만족이 있을 것이라고 생각합니다.

예수님이 '내 마음이 괴로우니 무슨 말을 하리요'(요 12:27)라고 탄식하신 말을 못 알아듣는 것입니다.

우리의 삶은 우리에게 맡겨진 영혼들과 동시대를 사는 현실 속에 묶여 있습니다. 그 속에서 예수 믿는 자의 명예와 영광이 무엇인지, 책임이 어떻게 작용하는지 알아야 합니다. 그 책임이 자유와 선택으로 우리 앞에 놓여 있는 하루하루임을 잊지 말아야 합니다. 우리가 이 문제들에 대해 더욱 관심을 가지고 이해하며 집중하기를 바랍니다.

# 질의응답

**Q** 우리가 얼마나 비참한 자리에서 구원받았는지를 깨닫게 되면 다른 이들을 정죄하거나 자기 의라고 자랑하는 것들이 없어질 것 같은데, 그럼에도 부패한 생각이 든다면 아직 구원을 진정으로 깨닫지 못한 것인지 궁금합니다. 또 만약 깨닫지 못한 것이라면, 하나님의 자녀로서 은혜와 명예를 진정으로 누리는 데까지 자라나기 위해서는 어떻게 해야 하는지 궁금합니다.

**A** 많은 경우를 겪고 시간을 보내야 합니다. 마음이 오락가락합니다. 어떤 때는 뻔뻔했다가, 죄책감이 들었다가, '에이, 모르겠다' 포기했다가, '살려 주세요' 애원했다가, '하나님, 난 이렇게는 못 해요'라고 으름장을 놓기도 할 것입니다. 이런 일들을 반복적으로 겪으면서 자라 갑니다. 누구에게 '넌 안 믿으니까 지옥에 갈 거야' 이렇게 겁을 주기도 했다가, '아니야, 그 말 취소야' 이렇게 한발 물러나기도 합니다. 정답으로 선을 그을 수 없습니다. 이랬다저랬다 하면서 자기도 모르게 시간 속에서 자랍니다.

성장한 증거는 안목, 분별, 지혜가 자라나는 것으로 나타나는데, 이 덕목들을 얻기 위해서는 많은 경험이 있어야 합니다. 경험 없이 추상적인 것으로 얻을 수 없습니다. 처음부터 바로 잘하지는 못합니다. 수백 번을 실패하고서야 안목과 분별과 지혜가 생깁니다.

**Q** 실력이 없으면 사랑을 나눌 수 없다고 말씀하셨는데, 여기서 실력이란 무엇인지 궁금합니다.

**A** 인간애입니다. 동물들은 본능만 가지고 있을 뿐, 사랑이라는 것을 모릅니다. 사랑이란 인격적인 것입니다. 인격을 가진다는 것은 인간의 정체성에서 매우 중요한 부분입니다. 인격이란 인간이 자격으로 가지고 있는 것입니다. 인간은 기계가 조종되듯 행동하지 않습니다. 본인이 생각하고 결정할 만한 지위와 신분을 가지고 있기 때문입니다.

**Q** 왜 하나님은 인간이 죽을 때도 그 인간성을 완결이 아닌 미결로 두실까요? 현실에서는 미결로 남겨 두시는 것 같거든요. 하나님이 왜 그렇게 일하시는지 궁금합니다.

**A** 그건 제가 천국에 가서 물어볼 작정입니다. 현실에서는 우리가 할 수 있는 한 최선을 다할 뿐입니다. 고린도전서에서는 부활을 번데기가 성충이 되듯이 바뀌는 것으로 말하는데, 현실에서는 경험할 수 없는 일입니다. 그건 우리의 상상을 벗어나 있는 일 같습니다. 부활 후에는 어떻게 다를지 기대할 뿐입니다.

**Q** 목사님이 말씀하신 대로 모든 존재는 자기 역할이 있습니다. 우리에게 주어진 현실이라는 조건 속에서 모든 것이 자기의 역할을 가치 있게 할 때, 성경에서는 고난과 환난이 있음을 이야기하는데요, 고난과 환난이 끊이지 않고 내내 이어지면 누구나 지치고 힘이 듭니다. 그래도 광야에서 비가 오면 그냥 비를 맞아야 하는 거죠?

**A** 그렇습니다. 그 일에 가장 모범이 되는 인물이 요셉입니다. 시편 105편에서 보듯이 요셉의 인생은 모두 수동태로 묘사됩니다. '한 사람을 앞서 보내셨음이여 요셉이 종으로 팔렸도다 그의 발은 차꼬를 차고 그의 몸은 쇠사슬에 매였으니 곧 여호와의 말씀이 응할 때까지라 그의 말씀이 그를

단련하였도다 왕이 사람을 보내어 그를 석방함이여 뭇 백성의 통치자가 그를 자유롭게 하였도다'(시 105:17-20). 그는 자기에게 일어난 모든 일을 이해할 수가 없었는데, 형들이 양식을 구하러 애굽에 와서 그에게 무릎을 꿇었을 때 비로소 깨닫습니다. '이 모든 일이 우연이 아니었구나.' 수동태로 붙들려 있는 우리의 현실을 감수해야 합니다. 힘이 들지만 하나님의 선하심을 믿어야 합니다.

**Q** 교회 안에 예수를 갓 믿은 초신자 가정이 있고, 초기 선교사들에게 복음을 받아들여서 4대, 5대째 예수를 믿는 가정이 있습니다. 대조적으로 보이는 이 두 가정에 고난이 찾아와서 환난과 어려움을 겪을 때 하나님이 각각의 문제를 다루고 풀어 가시는 과정이 확연히 다른 것을 보았습니다. 초신자 가정은 하나님이 신속하게 문제를 넘어가게 하시는 것 같은데, 4대, 5대째 예수를 믿는 가정은 하나님이 온갖 과정을 다 겪게 하시는 것 같습니다. 저는 옆에서 지켜보는 목사로서 너무 마음이 아픕니다. 성도가 고통스러워하고 힘들어하는 모습을 그저 바라볼 수밖에 없는 제 무력함도 괴롭고요. 이런 과정도 신앙의 단계와 연관이 있는지 궁금합니다.

**A** 학창 시절에 영어 교과서에 나온 문장들은 대부분 훌륭한 작품들에서 발췌된 것이었습니다. 유명한 문학가나 철학가가 쓴 작품들이었는데, 중학생과 고등학생이 같은 영어책을 보지는 않았습니다. 시험 문제도 학습 단계에 따라 달리 주어졌습니다. 이제 막 문법을 익힌 중학생들에게는 본문의 아름다움이나 의미를 묻는 문제보다는 문법적으로 맞는지 안 맞는지를 묻는 단순한 문제들만 주어졌습니다. 문법을 어느 정도 마스터한 고등학생들에게는 본문이 말하고 싶은 주제나 의미를 간파해야 하는 문제가 더 많이 주어졌습니다. 중학생 때는 문법 문제만 맞추면 의미를 몰라도 높은 점수를 받았지만, 상급 학교에 올라갈수록 의미를 모르면 좋은 점수를 얻을 수가 없었습니다. 이처럼 우리 눈에 누구에게는 쉬운 문제를 내주고, 누구에게는 어려운 문제를 내주는 것처럼 보일 뿐입니다. 하나님이 각자 감당할 수준에 맞게 훈련을 예비해 두셨을 것입니다. 결국 하나님이 신자의 영광을 위해 각 사람에 맞게 단계별로 키우신다는 믿음이 있어야 합니다.

**Q** 고난이 오랫동안 지속되고 쉽게 해결되지 않는 과정에서 신음하고 아파하고 좌절하는 일들이 끊임없이 이어진다는

말씀이시네요.

**A** 그 일이 어디까지일지는 모릅니다. 옛날에는 대부분 마음이 변하기 전에 죽어 버려서 순교자가 될 수 있었습니다. 살아남은 사람들이 하는 말로는 그들을 그냥 놔뒀으면 못 견뎠을 거라고 합니다. 하나님은, 누구는 죽게 해서 증거를 삼으시고, 누구는 살게 해서 증거를 삼으십니다. 안이숙 씨가 쓴 《죽으면 죽으리라》라는 책이 있는데, 그분은 순교하지 못하고 살아남은 것을 불명예로 생각했습니다.

저는 그다음 세대를 살았고, 죽는 것보다 훨씬 힘든 현실을 살아야 한다는 것을 알게 됐습니다. 힘들다는 것이 반드시 부정적인 것만은 아닙니다. 가장 곤란한 것은 '생각 좀 안 하고 살게 해 주세요'라고 기도하는 것입니다. 우리는 상황이 어렵지 않으면, 생각하려고 하지 않습니다.

**Q** 우리는 믿음이나 하나님에 대한 기대나 하나님의 뜻을 이야기하면서도, 실패나 고난 없이 편하고 안락하게 살고 싶어 합니다. 하나님에게 자기 인생을 떠넘긴 채 편해지고 싶은 것이 믿음이 아니라는 것을 배웠으니, 사는 것 자체가

고난임을 신자들과 같이 나누어야 하는데 어떻게 잘할 수 있을지 묻고 싶습니다.

**A** 제가 말하는 내용은 한국 교회에서 주류가 되지 않을 것입니다. 모두가 그것을 이해하려면 앞으로도 여러 해가 걸릴 것입니다. 그리고 교회 안에는 출생 단계와 자라나는 단계의 신자들이 많은 것이 좋습니다. 그런데 하나님이 어떤 사람들에게는 그다음 단계를 요구하십니다. 저도 쉽게 가고 싶은데 그러지 못하고 있습니다.

죽을 때까지 이것을 모르는 사람이 더 많을 수 있습니다. 제정신으로는 가질 수 없는 생각이기 때문입니다. 자라나는 단계에는, 기쁨은 있어도 명예라고 할 것이 없습니다. 그다음 단계에 가야 명예가 있습니다. 그것을 보상으로 여기고 견뎌야 합니다.

**Q** 갈등을 이겨 내면 어느 자리에 이르는지를 설명할 수 있어야 하는데, 그 길을 잘 걸어오신 분들에게는 그다음에 또 어떤 도전과 메시지가 기다리고 있는지 궁금합니다.

**ⓐ** 구약 말씀을 잘 인용해야 합니다. 창세기에 나타난 하나님의 모습과 사사기에 나타난 하나님의 모습과 열왕기에 나타난 하나님의 모습은 다릅니다. 하나님은 '엘 샤다이'(구약에 나온 하나님의 이름 중 하나이며 전능한 하나님으로 번역됨-편집자 주)의 하나님으로 나타나시고, 또 각 사람에게 개입하시며 세상 역사를 연장하라는 놀라운 명령을 주시는 하나님으로도 나타나십니다. 앞선 사람들의 삶에서 답을 얻으려면 출애굽기나 사사기나 열왕기 등의 말씀에서 그런 정황들을 발견해야 합니다. 그런 차원에서 구약을 제대로 풀어낸 사람 중에 월터 브루그만이라는 신학자가 있습니다. 《구약신학》을 비롯한 그의 책은 구약을 읽는 데 도움이 될 것입니다.

**ⓠ** 씨가 심겨도 자꾸 튀어나오는 듯한 고통이 있는데 이를 이겨 내고 버티려면 어떡해야 하나요?

**ⓐ** 많은 시행착오를 겪어야 합니다.

**Q** 교회 공동체를 이끌어 갈 때도 목사님이 말씀하신 것처럼 부모와 자녀같이 하나님이 우리를 이끄시는 것 같은 방식과 내용으로 이끌어 가는 게 맞을까요?

**A** 그렇습니다. 부모와 자녀는 떼려야 뗄 수 없는 관계인데, 말하자면 서로 원수 같은 사이입니다. 뗄 수 없는 관계니까 서로 만족스럽지 않아도 벗어날 수가 없습니다. 상대가 잘못해서라기보다 각자가 아직 성숙하지 못하기 때문입니다. 자녀가 잘못하는 경우도 있고 부모가 잘못하는 경우도 있는데, 자녀가 자녀 노릇을 다하고 부모가 부모 노릇을 다하기까지는 평생이 걸립니다. 그 일이 우리를 만들어 가는데, 우리는 살면서 다만 고통과 갈등이 없기를 바랍니다. '믿는다고 하는 신자들이 모였는데도 교회는 왜 이렇게 개판인가'라는 생각이 들기도 합니다. 자라야 합니다. 외면하거나 도망가지 말고 멋진 사람이 되십시오. 소돔과 고모라를 망하지 않게 하는 데에 필요한 사람은 의인 열 명이었습니다.

**Q** 잘잘못을 떠나서 계속 품고 사랑하고 용서해야 한다는 말씀이시죠?

**A** '잘잘못을 떠나서'라는 것은 없습니다. 잘잘못은 서로 싸우고 꾸중하는 근거입니다. 그것이 끝이 아니라는 것입니다. 잘했다, 못했다로 판정을 내리는 것이 다가 아니라 잘한 것과 못한 것을 다 감싸서 책임을 지는 길로 가야 합니다. 싸우면서 배우게 됩니다.

　한국 교회는 명분에 의해서 판정을 내리고, 잘못한 사람이 잘못했다고 인정하는 데까지밖에 못 왔습니다. 아파하고 갈등하는 과정이 무색해졌습니다. 화를 내 봤자 소용이 없다는 것을 알아야 그다음 단계로 나아가게 됩니다.

**Q** 목사님의 강의를 듣고 신앙에는 단계가 있고 자라나는 과정이 있다는 사실을 알게 되었는데, 처음 교회에 온 사람들과 함께하는 예배에서는 말씀을 어떻게 선포해야 하나요?

**A** 그때는 목사님 마음대로입니다. 신앙의 과정 중 출생 단계에 관해 설교해야 하는 때가 있고, 순종에 관해 설교해야

하는 때가 있고, 갈등하고 씨름하는 과정에 관해 설교해야 하는 때가 있는데, 그건 목사님이 가진 교회에 대한 이해와 그때의 자기 관심사로 선택할 수 있습니다. 어른이 되는 단계까지 다 포함해서 교회 안에는 네 단계 곳곳에 있는 사람들이 함께 어우러져 있습니다. 그래서 어느 한 과정만을 설명할 수가 없는데, 저는 마지막 과정을 집중적으로 설명하는 일에 쓰이게 되었을 뿐입니다.

**Q** 하나님을 모른 채 세상으로 향하고 세상을 따르는 세대에게 하나님의 이끄심과 섭리를 어떻게 가르쳐 주어야 하는지, 예배에 나오지 않는 이들을 어떻게 대해야 하는지 궁금합니다.

**A** 기다려 주어야 합니다. 우리가 조종하거나 조작할 수 없습니다. 신비한 힘이 개입해야 합니다. 그런데 못 참고 화를 내기도 하고, 달래 보기도 하는 것은 우리가 할 수 있는 성의일 뿐, 결과는 하나님의 신비한 은혜에 의존할 수밖에 없습니다. 다만 은혜라는 이름으로 무책임해져서는 안 됩니다.

**Q** 복음과 구원의 기쁨에 대해 알려 주는 과정에서 생겨난 질문입니다. 처음에 '우리는 죄인'이라고 이야기할 때 상대가 자기는 죄인이 아니라고 하면 왜 그렇게 생각하는지 물어보고 기다려 줄 수 있는데, '죄인이라고 하시니 죄인입니다' 하고 그냥 받아들이는 사람들에게는 죄책감을 심어 준다거나 정죄하지 않고 구원의 기쁨에 대해 어떻게 말해 줄 수 있을지 고민됩니다.

**A** 죄인이라는 말을 도덕적으로 이해하기 때문에 어렵게 느끼는 것입니다. 죄란 하나님과의 관계가 끊어진 것을 말합니다. 기독교에서는 하나님을 모르는 것을 죄라고 하고, 하나님과의 관계가 회복된 것을 구원이라고 합니다. 그렇게 말해 주어야 합니다.

**Q** 그렇게 이야기하면 대부분은 하나님과의 관계가 회복되어야 할 이유가 아직 없는 것 같다고 말하곤 합니다.

**A** 마음대로 하라고 하시고 이렇게 대꾸해 주십시오. '아, 그러시군요. 행복하시겠어요.' 화를 내자는 게 아니라, 그 정

도로 반발하면 우리도 신사적으로 대접해 줘야죠.

**Q** 하나님을 아버지로 알지 못하고 교회를 떠난 사람이 있다면 돌아올 때까지 기다려 줘야 하나요?

**A** 그건 목사님 마음입니다. 찾아가야 하는지, 기다려 줘야 하는지는 각자 성격에 달린 겁니다.

**Q** 자책감에 매여 있는 성도에게는 어떻게 대해야 할까요?

**A** 울고 잊어버리라고 하십시오.

**Q** 목사님이 생각하시는 목회의 핵심이 있다면 다음 세대의 목회자들을 위해 소개해 주세요.

**A** 두 가지 중요한 요소가 있는데, 하나는 '하나님이 무얼 하시려고 하는가?'에 대한 이해입니다. 기독교는 인간이 하나

님에게 무엇을 요구하는 것이 아니라, 하나님이 인간에게 무엇을 목적하시는지를 알아야 하는 종교입니다. 다른 하나는 '현실'에 대한 이해입니다. 현실이란, 죄와 사망 아래에 있는 컨텍스트입니다. 폭력과 거짓이 수단으로 사용되는 곳에서 하나님은 우리에게 사랑을 주고받는 관계가 되어 연합하자고 하시고 그것을 이루어 내십니다.

목회자는 하나님의 의도와 그것이 만들어지는 현실, 이 두 가지를 이해해야 합니다. 그런데 많은 이들이 하나님의 의도를 전하기보다 죽음 이후의 이야기로 전도하기 바쁘고, 현실에 대해서는 외면합니다. 현실은 무섭고 답이 없는데, 이것을 인정하지 않아서, 어려운 일을 당할 때 왜 어려움을 당하냐는 식으로 힐난하게 되니 성도들은 현실을 이야기할 수 없게 됩니다. 현실을 말할 때는 본인에게 닥친 도전이 너무 크다는 것과 본인에게는 해결할 실력이 없다는 것, 두 가지를 많이 이야기합니다. 그러다가 많이 맞아도 안 죽는다는 걸 깨닫게 됩니다. 옆에서 맞는 걸 보면 꼭 죽을 것만 같은데 한참 맞아도 안 죽는다는 걸 알면 눈을 뜨고 자리를 털고 일어나게 됩니다. 그 과정을 전부 이해해야 합니다.

**Q** 교회 안에서 교제를 하다 보면 만날 때마다 저를 심히 괴롭히는 사람이 있는데, 본인은 늘 저를 사랑한다고 고백하고 진짜 그렇게 믿고 있는 것 같습니다. 그런 사람에게 '아니야, 그건 사랑이 아니야. 너는 사랑할 실력이 없어'라고 알려 줘야 할지, 아니면 맞다고 맞장구를 쳐 주면서 계속 고통을 겪어야 할지, 어느 게 더 명예로운 것일까요?

**A** 웃고 도망가야죠. 울고 잊어버리는 것처럼 웃고 도망가십시오. 거의 모든 일이 그렇습니다. 청소년기와 청년기의 일은 그때 처음 겪는 것이라서 더 어렵게 느껴집니다. 그러다 그것이 자기만 겪는 게 아니라는 사실을 알게 되고, 그다음에 책임을 지는 단계에 가면 청년기에 겪었던 대부분의 어려움은 배부른 고민이었음을 알게 됩니다. 늘 지금이 더 무섭습니다. 그걸 알면 철이 듭니다. 하나님이 그런 과정을 주십니다.

나무가 자라듯이, 모두에게 필요한 과정이라는 것을 인정하고 아플 때 아파하고, 울 때 울고, 슬플 때 절망하십시오. 그걸로 끝나지 않습니다. 그다음에 할 이야기가 생기고 지혜와 추억이 생깁니다.

**Q** 목회자가 현실의 처절함과 고통스러움을 더 잘 이해할 수 있는 방법은 무엇일까요?

**A** 목회자 나름입니다. 목회자가 완전히 딴 세상을 사는 경우를 몇 번 봤습니다. 어떤 사람은 구름 위에서 사는 것처럼 현실을 전혀 모르는 것 같습니다. 남들이 갈등하는 현실에 대해 일흔 번씩 일곱 번을 용서하면 될 일인데 왜 못하냐는 식으로 쉽게 이야기하는데, 현실에서는 녹록지 않습니다. 목회자의 실력에 대해서는, 하나님이 그 사람을 그 모습대로 부른 것이기 때문에 자기 은사대로 하는 수밖에 없다고 생각합니다.


**Q** 저는 작은 교회에서 교육부 디렉터로 섬기게 되었습니다. 그런데 실력이 없다 보니 교육부를 관리하고 섬기는 일이 막막하게 여겨집니다. 이럴 때 어떤 시각과 방향성을 가져야 하는지 궁금합니다.

**A** 교육은 굉장히 어렵습니다. 교육받는 자들의 필요와 교육하는 자들의 관심이 일치하는 때가 별로 없기 때문입니다.

교육하는 사람들이 자기 생각을 주장하려고 애를 써도, 교육받는 사람들은 전혀 공감하지 않기도 합니다. 초등학생과 중학생에게는 '믿음'이나 '기도', '아브라함'이나 '예수님의 열두 제자' 등 기독교에서 사용하는 단어들을 가르칩니다. 고등학생부터는 더 나아가 내용을 가르쳐 줘야 합니다.

윤리와 도덕에 매여서 성경 말씀을 단지 구호로만 전하지 말고, 스토리로 전달해 줘야 합니다. '아브라함은 원래 하나님을 몰랐는데, 하나님이 그를 불러내서 할 수 없이 붙잡혀 나왔다. 요셉은 원치 않았지만 형들이 자기를 죽이려고 했고 그러다 팔려 갔는데, 그 억울함 속에서 하나님이 이렇게 일하셨대' 이런 이야기를 해 주십시오. 학생들이 얼마나 잘 이해하는지와는 상관없습니다.

오래전에는 이런 내용들을 전부 윤리나 도덕으로 이해해서 '아브라함은 처음부터 모범생이었기 때문에 믿음으로 선택을 받았고, 요셉은 꿈을 버리지 않아서 총리가 됐다'라는 식으로 잘못 알고 전했습니다. 그런데 구약 말씀에는 역사라는 각각의 정황이 있습니다. 구약 이야기를 많이 해 주어야 합니다.

**Q** 은퇴를 앞둔 목회자로서 고민이 한 가지 있습니다. 앞으로 목회할 이들이 설교나 신학 교육을 할 때 챗GPT의 영향으로 성도나 목회자 양성에 어려움은 없을지, 신학교 교육의 관점에서 이 문제를 어떻게 바라보아야 하는지에 관한 고민입니다.

**A** 저는 제가 할 줄 아는 일만 하고 있습니다. 저는 아날로그 세대입니다. 그러니 이 질문에 답을 드리기가 어렵습니다. 제게 주어진 일에 최선을 다할 뿐입니다.